大学生德能修养互动教学指南

DAXUESHENG DENENG XIUYANG HUDONG JIAOXUE ZHINAN

彭晓玲 ◇ 主编
刘黎 崔文卿 邹均 ◇ 副主编

人 民 邮 电 出 版 社
北 京

图书在版编目（C I P）数据

大学生德能修养互动教学指南 / 彭晓玲主编. -- 北京 : 人民邮电出版社, 2012.9(2013.7 重印)
ISBN 978-7-115-28673-4

Ⅰ. ①大… Ⅱ. ①彭… Ⅲ. ①大学生－品德教育－高等学校－教学参考资料 Ⅳ. ①G641

中国版本图书馆CIP数据核字(2012)第191790号

内 容 提 要

本书分上、中、下三篇：上篇是赢在人生的新起点，中篇是成长在社会化的进程中，下篇是前行在科学发展的探索中，主要介绍大学生活的适应、爱国主义的弘扬、职业生涯的规划、道德品质的优化、法纪素质的培养、先进文化的传承、共同富裕的追求、民主政治的关注、和谐社会的创建等。

本书适合作为高校德能修养课程的互动教学指南，也可作为相关课程参考书。

大学生德能修养互动教学指南

◆ 主　　编　彭晓玲
　副 主 编　刘　黎　崔文卿　邹　均
　责任编辑　王亚娜

◆ 人民邮电出版社出版发行　　北京市崇文区夕照寺街 14 号
　邮编　100061　　电子邮件　315@ptpress.com.cn
　网址　http://www.ptpress.com.cn
　北京铭成印刷有限公司印刷

◆ 开本：787×1092　1/16
　印张：10.75　　　　2012 年 9 月第 1 版
　字数：246 千字　　　2013 年 7 月北京第 3 次印刷

ISBN 978-7-115-28673-4

定价：28.50 元

读者服务热线：(010)67170985　印装质量热线：(010)67129223
反盗版热线：(010)67171154

序

作为重庆正大软件职业技术学院的院长我经常思考这样一个问题：怎样让学校实现“创一流万人本科软件学院”的梦想？如何把学生培养成德能双馨深受社会喜爱的合格人才？要破解这些问题，除了努力提高人才培养质量，别无他法。人才质量高，应该首先是人才素质高。因此，必须认识这样一个问题：教育之本，德育为先，德育在教育过程中具有不可替代的优先地位。就高校而言，必须从改革思想政治理论课入手，把引领思想、塑造灵魂和培养能力结合起来，按照“学会做人、学会做事、学会学习”的教育目标全面要求学生。基于这样的思考，我倡导和支持思想政治理论课教师在我院产教结合的办学模式下，从教育方式上大胆探索，挑战传统，改变学生端坐课堂被动听讲、教师填鸭式被动教学的现状，构建思想政治理论课的互动教学模式，合理规划思想政治理论课讲授式教学和互动式教学的内容和学时，以课程化的思路从2011级开始在我院大学生中开设三个学期的德能修养必修课。采取教师当导演、学生当演员的方式，利用早上第一节课，组织学生围绕思想政治理论互动教学专题开展演讲、论辩、讨论、团体训练等多种具有教育性、知识性和吸引力的互动教学活动，在引领学生树立正确世界观、人生观、价值观、道德观、法制观的同时，特别注重提高学生的“五种能力”，即自主学习能力、沟通表达能力、创新思维能力、人际交往能力和组织协调能力，全面提高学生的综合素质。课改以来，师生们从思想政治理论互动教学的内容选取、组织形式、结构框架诸方面进行了大量有益的探索与实践，形成了独具特色的“大学生德能修养”互动课程的教学内容、体系和方法。课程的教学团队在彭晓玲教授的带领下，在总结师生们大量实践经验的基础上编写了本书，以指导师生的课程实践，实现让“大学生德能修养”真正成为我校大学生“真心喜欢、终身受益、毕生难忘”课程的良好愿望。这本书写得好，我为作者们勇于探索的精神和取得的突破性进展感到由衷地高兴。

本书是思想政治理论课教学模式改革的一个有益尝试，更是重庆正大软件职业技术学院探索大学生全面素质教育的一个可喜探索。通观此书，具有以下三个特点。

（1）导向明确并具有针对性。思想政治理论课互动教学课程化是互动教学的新模式，究竟怎样引领学生把思想品德修养与能力培养有机结合起来才能全面提升自身综合素质是一个新课题。本书针对这个新模式、新课题面临的困惑，从教学内容和教学形式两方面进行了指导，为参与的师生加强“大学生德能修养”课程建设指出了方向。

（2）内容丰富并具有系统性。本书由上中下三篇九个专题构成。上篇题为赢在人生的新起点，由大学生活的适应、爱国主义的弘扬、职业生涯的规划三个专题构成，安排在第一学期进行；中篇题为成长在社会化的进程中，由道德品质的优化、法纪素质的培养、先进文化的传承三个专题构成，安排在第二学期进行；下篇题为前行在科学发展的探索中，由共同富裕的追求、民主政治的关注、和谐社会的创建三个专题构成，安排在第三学期进行。三篇九专题紧扣我校人才培养计划中的《思想道德修养与法律基础》、《毛泽东思想与中国特色社会主义理论体系概论》两本教材内容，紧贴大学生不同阶段的思想实际，构建了思想政治理论互动教学内容的完整体系，具有系统性。九个专题由四方面内容构成，一是富有哲理的箴言传递；二是经典故事赏析、经典影视和经典歌曲鉴赏、经典著作研读；三是主题演讲、主题辩论、主题朗诵、主题征文、主题班会和团日活动等主题策划；四是精品报告、团体素质拓展训练、小组和班级学习交流的活动。这些十分丰富的内容，对于提高大学生思想政治素质和人文素养具有十分重要的作用。

（3）形式多样并具有可操作性。本书紧紧围绕九个专题采取传递箴言、品读经典、主题活动、学习交流等学生喜闻乐见的多种教学形式来完成教学目标。所有教学形式都配有范文、范例和各种主题活动的策划书范本，还将箴言、经典影视、经典歌曲、精品报告视频制作成光盘，供互动教学选用，具有较强的可操作性。

探索之路始终是充满艰辛的，但是，“想学生之所想，急学生之所急”，则是本书作者所要追求的目标。我相信本书会对提高思想政治理论课互动教学的规范性和实效性产生积极影响，使促进当代大学生健康成长收到明显成效。我衷心希望作者继续发扬开拓创新的精神，围绕我们在前面已经提到过的学生的“五种能力”提高，在教育、教学实践中不断探索，努力再创新，争取多出更多好成果，为把我们的大学生培养成为社会主义事业合格建设和可靠接班人做出新的贡献。

唐一科

2012年5月25日

重庆

唐一科教授系重庆大学博士生导师、教育部教学评估专家、享受国务院政府津贴专家，重庆正大软件职业技术学院院长。

前　言

《中共中央宣传部教育部关于进一步加强和改进高等学校思想政治理论课的意见》明确指出："要充分发挥教师的主导作用，提高马克思主义理论的说服力和感染力。充分发挥学生学习的主体作用，激发学生学习的积极性和主动性。教学方式和方法要努力贴近学生实际，符合教育教学规律和学生学习特点，提倡启发式、参与式、研究式教学。要研究分析社会热点。要多用通俗易懂的语言、生动鲜活的事例、新颖活泼的形式，活跃教学气氛，启发学生思考，增强教学效果。"在学院党政高度重视和大力支持下，我们进行了思想政治理论课改革，构建实施了思想政治理论互动教学模式，开设了"德能修养"互动教学必修课。为了把这门课建设成学生真心喜欢、终身受益、毕生难忘的课程，我们进行了一系列的探索和实践，在总结实践经验的基础上编写了本书，试图不断加强和改进思想政治理论课，把思想政治教育与培养学生的能力有机结合起来，促进学生健康成长。

本书主要由重庆正大软件职业技术学院和重庆工商职业学院一批从事大学生思想政治教育的教师编写。重庆正大软件职业技术学院彭晓玲教授任主编，负责本书的策划、统稿、定稿。重庆正大软件职业技术学院刘黎、崔文卿、邹均任副主编，参与统稿。本书写作分工情况如下。

绪论由彭晓玲编写；第一章由邹均、刘黎编写；第二章和第三章由刘黎编写；第四章由唐孝庆（重庆正大软件职业技术学院）、崔文卿编写；第五章由范士超（重庆正大软件职业技术学院）编写；第六章由刘黎编写；第七章由谭矛盾（重庆工商职业学院）编写；第八章由崔文卿编写；第九章由刘子菱（重庆正大软件职业技术学院）编写；附录由邹均编写。

本书是在正大软件职业技术学院院长、重庆大学博士生导师唐一科教授办学理念指导下编写的，在写作过程中得到他的悉心指导和大力支持，唐一科教授亲自为本书作序，在此表示衷心感谢。在编写过程中，我们参考了大量的文献，汇集了许多专家学者的研究成果，在此一并致谢。思想政治理论互动教学模式的构建和实施还处在探索阶段，由于我们水平有限，本书难免有不足之处，请广大读者批评指正。我们将深入探究下去，为不断提高思想政治理论课质量而努力。

编　者

2012 年 5 月

目　录

绪论　思想政治理论课互动教学模式的构建与实践……1

一、思想政治理论课互动教学模式的含义……1
（一）思想政治理论课的含义……1
（二）思想政治理论课互动教学模式及其运行方式……1
二、构建实施思想政治理论课互动 教学模式的意义……2
（一）构建实施思想政治理论课互动教学模式是应对新形势新挑战的需要……2
（二）构建实施思想政治理论课互动教学模式是加强和改进思想政治理论课的内在要求……3
（三）构建实施思想政治理论课互动式教学模式有利于教师自身的发展和主导作用的发挥……4
（四）构建实施思想政治理论课互动式教学模式有利于调动学生学习积极性和增强教学的实效性……4
三、思想政治理论课互动教学模式的构建原则和实施举措……5
（一）思想政治理论课互动教学模式的构建原则……5
（二）思想政治理论课互动教学模式的实施举措……5

上篇　赢在人生的新起点

第一章　大学生活的适应……10

一、领悟箴言……10
二、品读经典……11
（一）经典故事赏析……11
（二）经典影视和歌曲鉴赏……12
（三）经典著作研读……14
三、主题活动……19
（一）主题演讲比赛……20
（二）主题辩论比赛……21
（三）主题朗诵比赛……21
（四）主题征文比赛……21
（五）主题班会和团日活动……22
四、学习交流……22
（一）团体素质拓展训练……23
（二）精品报告……25
（三）小组和班级学习交流……26

第二章　爱国主义的弘扬……28

一、领悟箴言……28
二、品读经典……29
（一）经典故事赏析……29
（二）经典影视和歌曲鉴赏……35
（三）经典著作研读……36
三、主题活动……40
（一）主题演讲比赛……41
（二）主题辩论比赛……42
（三）主题朗诵比赛……42
（四）主题征文比赛……42
（五）主题班会和团日活动……43
四、学习交流……44
（一）团体素质拓展训练……44
（二）精品报告……45
（三）小组和班级学习交流……46

第三章　职业生涯的规划……47

一、领悟箴言……47
二、品读经典……48
（一）经典故事赏析……48

（二）经典影视和歌曲鉴赏……50
（三）经典著作研读……51
三、主题活动……55
（一）主题演讲比赛……55
（二）主题辩论比赛……55
（三）主题朗诵比赛……56
（四）主题征文比赛……56
（五）主题班会和团日活动……58
四、学习交流……59
（一）团体素质拓展训练……59
（二）精品报告……60
（三）小组和班级学习交流……61

中篇　成长在社会化的进程中

第四章　道德品质的优化……64
一、领悟箴言……64
二、品读经典……65
（一）经典故事赏析……65
（二）经典影视和歌曲鉴赏……67
（三）经典著作研读……69
三、主题活动……73
（一）主题演讲比赛……73
（二）主题辩论比赛……73
（三）主题朗诵比赛……73
（四）主题征文比赛……74
（五）主题班会和团日活动……76
四、学习交流……79
（一）团体素质拓展训练……79
（二）精品报告……80
（三）小组和班级学习交流……81

第五章　法纪素质的培养……84
一、领悟箴言……84
二、品读经典……85
（一）经典故事赏析……85
（二）经典影视和歌曲鉴赏……86
（三）经典著作研读……87
三、主题活动……89
（一）主题演讲比赛……89
（二）主题辩论比赛……90
（三）主题朗诵比赛……91
（四）主题征文比赛……92
（五）主题班会和团日活动……92
四、学习交流……93
（一）团体素质拓展训练……94
（二）精品报告……95
（三）小组和班级学习交流……96

第六章　先进文化的传承……97
一、领悟箴言……97
二、品读经典……98
（一）经典故事赏析……98
（二）经典影视和歌曲鉴赏……102
（三）经典著作研读……104
三、主题活动……106
（一）主题演讲比赛……106
（二）主题辩论比赛……107
（三）主题朗诵比赛……107
（四）主题征文比赛……108
（五）主题班会和团日活动……109
四、学习交流……109
（一）团体素质拓展训练……110
（二）精品报告……110
（三）小组和班级学习交流……111

下篇　前行在科学发展的探索中

第七章　共同富裕的追求……114
一、领悟箴言……114
二、品读经典……115
（一）经典故事赏析……115

（二）经典影视和歌曲鉴赏……117
三、主题活动……119
（一）主题演讲比赛……119
（二）主题辩论比赛……119
（三）主题朗诵比赛……119
（四）主题征文比赛……120
（五）主题班会和团日活动……121
四、学习交流……123
（一）社会调研活动……123
（二）精品报告……124
（三）小组和班级学习交流……125

第八章　民主政治的关注……126

一、领悟箴言……126
二、品读经典……127
（一）经典故事赏析……127
（三）经典著作研读……131
三、主题活动……132
（一）主题演讲比赛……132
（二）主题辩论比赛……133
（三）主题朗诵比赛……134
（四）主题征文比赛……135
（五）主题班会和团日活动……136
四、学习交流……138
（一）团体素质拓展训练……138
（二）精品报告……140
（三）小组和班级学习交流……141

第九章　和谐社会的创建……143

一、领悟箴言……143
二、品读经典……144
（一）经典故事赏析……144
（二）经典影视和歌曲鉴赏……145
（三）经典著作研读……146
三、主题活动……148
（一）主题演讲比赛……149
（二）主题辩论比赛……149
（三）主题朗诵比赛……149
（四）主题征文比赛……150
（五）主题班会和团日活动……152
四、学习交流……153
（一）团体素质拓展训练……153
（二）精品报告……154
（三）小组和班级学习交流……154

附录　主题活动及学习交流推荐策划书……155

一、演讲比赛策划书……155
二、辩论比赛策划……157
三、征文比赛策划书……158
四、关于举办某某系“学生说学”活动的通知……159

绪论　思想政治理论课互动教学模式的构建与实践

为了进一步加强和改进大学生思想政治教育，认真贯彻《中共中央宣传部教育部关于进一步加强和改进高等学校思想政治理论课的意见》精神，在学院党政的正确领导和大力支持下，我们认真总结分析了高校思想政治理论课的现状，并结合本学院学生的实际进行思想政治理论课改革，构建实施了思想政治理论课互动教学模式。该模式以社会主义核心价值体系为主线，以课程化的思路结合互动教学专题开展适合学生特点的多种活动，营造学生与学生、学生与教师的互动学习氛围，对改善思想政治理论课不容乐观的现状，切实解决学生对思想政治理论课入耳入脑的问题，引导学生树立正确的世界观、人生观、价值观、道德观和法制观，具有积极的意义。

一、思想政治理论课互动教学模式的含义

（一）思想政治理论课的含义

思想政治理论课是对大学生进行系统的马克思主义世界观、人生观、价值观教育的主渠道。跨入21世纪以来，国际国内形势发生了重大而深刻的变化，各种思想文化相互激荡，大学生面临着大量西方文化思潮和价值观念的冲击。在这种背景下，对于如何开创大学生思想政治教育的崭新局面，党和国家给予了高度的重视，并把加强和改进大学生思想政治教育提高到确保中华民族伟大复兴的战略高度；把培养什么人、如何培养人，作为我国社会主义教育事业发展中必须解决好的根本问题。

（二）思想政治理论课互动教学模式及其运行方式

思想政治理论课互动教学模式是指在思想政治理论教学活动中师生双方都发挥积极

性、能动性，创设有利于教学的愉快、和谐的多元互动情境，促使学生全身心地参与和投入，从而达到相互促进、共同完成教学任务的教学方式。该模式的内涵可以从以下两方面去理解：

（1）在互动教学中，既要充分发挥教师的主导作用，又要真正体现学生的主体地位。具体来说，在教学过程中，教师要真正把学生置于教学活动的主体和中心地位，严格遵循教育规律，从学生的需要和实际出发，根据教学目标、教学原则的具体要求，设计、组织、实施教学活动，并运用各种教学手段，调节和控制影响教学的各种变量（即教学诸要素），指导帮助学生通过积极主动的学习掌握知识、技能，发展各种能力，形成一定的思想观点、价值准则和个性品质。教师还要根据受教育者个体对象的变化及个体的心理、生理、智能、个性、情感、能力等的变化，随时调节和控制教学目标、教学内容、教学方法、教学环境、教学评价等要素的运行方式，以适应受教育者变化的要求，推进教学过程的良性运行。

（2）在互动教学中，教师不是“主演”，而是“导演”。教学不再是教师单纯地教、学生单纯地学的过程，而是教师、学生相互配合，相互学习，教学相长，共同成长的一个过程。互动教学强调教师与学生之间、学生与学生之间的互动作用，它以民主和谐的师生关系和同学关系为前提。这就要求教师改变原有的角色，从权威性的知识拥有者成为学生情感的反映者和学习活动中的咨询者与合作者；同时也要求学生不仅仅将同学当学习伙伴，还要把同学当老师，不但要向老师学习而且要向同学学习。

（3）互动教学的运行方式具有多样性，目前思想政治理论课互动教学方式主要有三种。

① 穿插式互动教学。教师结合教学内容的需要，在课堂教学中随时采取提问、讨论、对话等方式开展的互动教学，也有教师布置学生以主题演讲、辩论、调研等课外方式开展的互动教学。

② 独立环节的互动教学。安排专门的时间与互动教师围绕专题开展的互动教学。这种互动教学往往是同一个任课教师在教学的同一时段进行的。比如，重庆科技学院根据本科学生特点和四门思想政治理论课内容的需要，在本门思想政治理论课总学时中划出四分之一到三分之一的时间，由各门思想政治理论任课教师制定计划并开展互动教学。

③ 课程化的互动教学。即不同教师在不同时段以专门的思想政治理论互动课程开展互动教学。比如，重庆正大软件职业技术学院根据高职学生的特点和“思想道德修养与法律基础”、“毛泽东思想与中国特色社会主义理论体系概论”两门课程的内容需要，在第1～3学期专门开设了3个学分的思想政治理论互动课程——“德能修养”，选派辅导员、党团干部等专职学生工作者负责“德能修养”课的教学工作。

二、构建实施思想政治理论课互动教学模式的意义

（一）构建实施思想政治理论课互动教学模式是应对新形势新挑战的需要

在信息化、网络化和经济全球化的情况下，思想政治理论课面临着矛盾和挑战。

西方文化、价值观念对当代大学生影响不断加大与高校思想政治理论课引导不力的矛盾。改革开放以来，国内社会急剧转轨变型，当代国际形势也发生了深刻变化，思想政治理论课教学难以在有限的时间内解决学生对社会问题的困惑，尤其是学生的认识受到来自社会各方面的消极思想文化、价值观念的客观影响，与课堂教学的内容、宗旨不相符合，从而使其形成了许多“先入为主”的观念和思想行为偏差，以致对教学表现出极大的“逆反心理”。

（二）构建实施思想政治理论课互动教学模式是加强和改进思想政治理论课的内在要求

《中共中央宣传部教育部关于进一步加强和改进高等学校思想政治理论课的意见》明确指出：“要充分发挥教师的主导作用，提高马克思主义理论的说服力和感染力。充分发挥学生学习的主体作用，激发学生学习的积极性和主动性。教学方式和方法要努力贴近学生实际，符合教育教学规律和学生学习特点，提倡启发式、参与式、研究式教学。要研究分析社会热点。要多用通俗易懂的语言、生动鲜活的事例、新颖活泼的形式，活跃教学气氛，启发学生思考，增强教学效果。”教育部要求各高校加强教学改革，要把思想政治理论课建设成学生真心喜欢、终生受益、毕生难忘的课程。面对新形势、新问题、新要求，思想政治理论课教学需要不断改进。目前，思想政治理论课的教学主要存在以下问题。

（1）教学组织形式普遍采取自然班合成的“上大课”形式，人数在一百以上的班级屡见不鲜。这样不仅使教师教学方法多样性受到限制，也使师生在课堂上对话交流的可能性大大降低，难以进行有效的沟通互动，无法引发学生的心理共鸣，从而使思想政治理论课的有效性大打折扣。

（2）把思想政治理论课作为一般的知识传授，思想政治理论课普遍使用“注入式”的传统教学方法。这种教学方法以教师讲授为主，重教轻学，重灌输、轻启发。教师把外部灌输作为学生掌握理论知识的唯一途径，要求学生无条件地接受现成的理论成果，学生仅仅是知识的被动接受者，这使得教学过程存在着互动性不足的缺陷。整个课堂教学变成了教师单方面的“说教”、学生被动地听与记的僵死模式，教学因为缺乏艺术性而丧失应有的感染力。这使得学生在教学中参与程度较低，缺少对思想政治理论课的学习兴趣。不少学生把思想政治理论课当做纯理论知识的学习，为应付考试考核被动接受，并没有与提高自己的思想觉悟、解决思想认识问题结合起来，这势必影响到高校思想政治理论课教学的实效性。

（3）教学内容滞后于实践的发展。在教学过程中，教学内容跟不上实际的发展，限于空洞的说教，教师对学生关心的热点、难点难以做到入情入理地解疑释惑，不但不能说服和引导学生，反而使学生产生逆反心理。

（4）考试形式也一般是期末统一以一张试卷、闭卷、笔答考查学生对知识的掌握程度。这种长期一贯的单一化的考试形式，不但违背了“理论联系实际”的重要原则，更严重的是使学生养成了一种习惯：突击过关，不重视学习理解过程，把应付考试变成学习目的。

思想政治理论课存在的上述问题与中宣部、教育部的有关要求格格不入，加强思想政治理论课改革，构建实施思想政治理论课互动教学模式势在必行。

（三）构建实施思想政治理论课互动式教学模式有利于教师自身的发展和主导作用的发挥

思想政治理论课的特殊性质决定了思想政治理论课教师在以科学理论武装学生头脑的同时，还必须以自身的人格魅力去影响和陶冶学生。对学生来说，教师的思想品质、道德情操和言谈举止，往往就是一种直接而重要的教育。思想政治理论课教师要搞好互动教学应做到以下三点：

（1）努力培养自己完美的人格。思想政治理论课教师要热爱学生、亲近学生，要有意识地与学生交谈，加深对青年大学生思想动态、品行风貌、举止爱好的了解和掌握，使教学有的放矢，充分发挥自己在学生意志品质形成过程中的示范主导作用，从而真正成为学生的良师益友。

（2）刻苦钻研业务，具有渊博的知识和娴熟的驾驭课堂的能力。思想政治理论课教师要关注学生心理特点，满怀激情地讲思想政治理论课的内容、社会变革、家乡巨变和建设小康社会的宏伟蓝图。教师要在感染点上下功夫，要寓情于理、以情晓理、情理共融，使师生的情感在同一轨道上产生共鸣，师生的思想感情就会更贴近，学生对教师讲的道理也就更乐于接受。教师在讲课时还要旁征博引，在理解教材的基础上实现对内容的再认识，设计出具有个性特点的课堂教学形式。

（3）当好“导演”，细心指导学生当好“演员”。互动式教学可以通过课堂讨论、案例教学、主题演讲、课堂辩论、现场表演、游戏活动、实践体验等形式，为学生创设一个民主的、开放的学习环境，以加强师生之间、学生与学生之间、学生与社会之间的联系。这一环节要求教师和学生必须在课前做好充分准备，教师必须预先选定一定的问题及开展的方式，把握各种观点，指导学生提前准备。在这一环节中，教师充当“导演”，实际上是一个将教师的意图变成学生能力的过程，需要教师反复多次指导才能达到预期的效果。因此，指导学生的过程往往比教师自己表演更困难，需要教师付出更多的精力和时间。实施思想政治理论互动教学模式客观上要求教师深入学生群体之中，有效避免空对空说教，充分发挥教师主导作用。

（四）构建实施思想政治理论课互动式教学模式有利于调动学生学习积极性和增强教学的实效性

（1）互动式教学有利于调动学生学习的积极性。教学活动是由教师和学生共同组成系统，传统教学模式只注重教师的“教”，而忽略了学生的主体性。互动式教学则注重学生的主体地位，让学生参与到教学中，注重在教学过程中激发学生的学习兴趣，调动他们的主动性和积极性。学生的积极性高涨必然会调动教师的教学热情，从而收到较好的教学效果，达到教学相长的目的。

（2）互动式教学有利于提高教学的实效性。首先，互动式教学能促进师生之间的情感交流。俗话说：“亲其师，信其道。”师生之间的心灵是需要互相沟通的。教师只有取得了学生发自内心的尊重和信任时，才能潜移默化地影响学生对所学理论知识的信仰。其次，互动式教学能促进师生间的良好沟通。由于思想政治理论课教材内容理论性强，在思想政治理论课教学当中，以教师讲解为主的理论灌输是必不可少的，但也迫切需要找到一个切入点，让学生重新认识思想政治理论课学习的重要性，激发学生学习思想政治理论课的兴趣。而互动式教学方法正是解决这一问题的较好途径。一切理论教学最终要落实到学生认知和实践能力的提高上，要将人类社会的思想精神财富转化为学生个人的精神财富。在教学过程中，不仅需要引导学生的主体性学习，更需要在整个教学过程中贯穿师生之间的良好互动。在思想政治理论课教学中引入师生互动的教学方式，将教师和学生同时纳入互动的情境之中，学生与教师可以平等地对话。在教学中突破常规，学生不再是被灌输的对象，学生可以针对自己学习过程中遇到的问题各抒己见，阐述自己的观点、疑惑，说出自己的心里话，不一定非要拘泥于课本上的知识，这样教师就可以针对性地通过对话、讨论等互动教学手段来为学生解决这些疑惑。通过互动式教学，教师与学生进行良好沟通，思想政治理论课教学必然会取得较好的效果。

三、思想政治理论课互动教学模式的构建原则和实施举措

（一）思想政治理论课互动教学模式的构建原则

（1）坚持目的性原则。思想政治理论课互动教学模式的构建必须坚持目的性原则。无论哪种方式方法的运用，教学环节的设置都必须为实现思想政治教育的根本目的服务。要正确处理和把握思想政治理论课互动教学模式各个环节的相互关系，不能舍本逐末，影响教学目标的实现。

（2）坚持学生主体作用与教师主导作用相结合的原则。思想政治理论课互动教学模式主张以人为本，重视发挥学生的主体作用，但不能因此而忽视和削弱教师的主导作用。在思想政治理论课互动教学模式的构建中，必须坚持学生主体作用与教师主导作用相结合的原则，充分发挥两个主体的积极性。

（3）坚持思想政治理论课的内容与培养学生的能力相结合的原则。互动教学内容要紧紧围绕思想政治理论课的内容，其教学形式要选择培养学生能力的形式，只有这样才能激发学生学习的兴趣，也才能提高教学质量。

（4）坚持实践性原则。思想政治理论课互动教学模式的突出特点就是实践性。它通过全方位、多层次、立体化的教学模式构建，引导和激发学生的积极性、主动性、参与性和创造性，促进师生之间、生生之间、学生与教学环境、教学资源之间的良性互动，从而完成思想政治教育目标先“内化”后“外化”的过程，促进学生的知行统一。

（5）坚持三级运行联动育人原则。所谓三级运行就是建立校级、二级院系、班级三级运行机制。首先是建立三级教学机构，即学校建立思想政治理论教研室、二级院系建立思想政治理论教研组、班级选派任课教师并组织班级助课小组。其次，明确三级教学组织的职责和教学任务。互动教学主要以活动方式进行，通过教学计划明确校级、二级院系、班级的活动内容、形式和时间安排。互动教学按照教学计划有序进行。所谓联动育人指的是思想政治理论与实践教学科研部、学工部、团委、各系党政学团齐抓共管；思想政治理论课教师、辅导员、学生骨干联动育人，彻底改变各自为政、分力育人的格局。

（二）思想政治理论课互动教学模式的实施举措

（1）合理分配教学学时。我们要结合高职学生的特点和产教结合的实际确定思想政治

理论课讲授式教学和互动教学的学时比例。

（2）开设思想政治理论互动课程——“德能修养”。为了充分发挥学生在思想政治理论教学中的主体作用，调动学生自主学习的积极性，我们要以提高学生思想政治素质和综合能力、引导学生知行合一为着力点，将思想政治理论教育与培养学生自主学习能力、沟通表达能力、人际交往能力、创新思维能力、组织协调能力等结合起来，在学生中全面开设思想政治理论互动课程——“德能修养”。其具体举措有四个。

① 开设 3 学分的“德能修养”互动必修课程。即在大一的第一、二学期和大二的第一学期，每学期 1 个学分，共计 3 个学分。该课程安排在早上第一节课，即过去的早自习时间。

② 将思想政治理论课互动教学的九个专题与五个能力的培养结合起来安排教学计划。拟订的九个互动教学专题是：一是大学生活的适应，二是爱国主义的弘扬，三是职业生涯的规划，四是道德品质的优化，五是法纪素质的培养，六是共同富裕的追求，七是民主政治的关注，八是先进文化的传承，九是和谐社会的创建。五个能力是：自主学习能力、沟通表达能力、人际交往能力、创新思维能力、组织协调能力。每个学期围绕三个专题采取演讲、辩论、朗诵、征文、团体训练、调研交流等各种活动方式，学生之间、师生之间进行互动交流，各班助课小组同学在老师的指导下，按照思想政治理论课互动式教学规定的专题，结合班级学生的特点进行活动的策划，并组织同学按活动要求实施。从活动的策划到宣传动员同学参与以及活动的开展、总结、考核这一过程，是学生实践锻炼的平台。每个活动都要求每个学生围绕主题查资料、写发言稿、登台表演，班级还组织由老师和同学组成的评委团对参与活动的情况进行点评、评分。同学之间、师生之间相互学习交流，能促进学生更加睿智，增强学生的自学能力、写作能力、表达能力和与人沟通合作能力。

③ 明确三级教学机构的职责。

校级：思想政治理论与实践教学科研部负责“德能修养”课程大纲、教材及实施方案制定，组织相关专家举办讲座，与学工部、团委联合举办校级相关比赛。由学工部牵头、会同教务处和思想政治理论与实践教学科研部对二级院系“德能修养”教学进行检查、指导、评估，以保证各项工作有序开展。

系级：各二级院系思想政治实践教研组负责“德能修养”教学的实施，负责组织系级演讲、辩论、朗诵、主题交流和比赛等评奖活动，负责对指导教师的考核及课时费发放等。

班级：各班思想政治实践课教师兼任“德能修养”教学，组织学生听取相关讲座、指导学生撰写稿件、组织学生举办班级比赛，负责考核学生“德能修养”的成绩等级。

④ 进行定量与定性相结合的考核。

第一，考核学生“德能修养”的成绩。这既要进行定量考核，即参加能力训练的数量，又要考核能力训练的质量。根据学生参加演讲、辩论、朗诵、讨论、讲课、主题交流和比赛的内容和技能结合起来进行考核，分别给予优、良、中、合格、不合格五个等级的成绩，学年年度末，其成绩记入学生成绩系统。

第二，对各二级院系和任课教师的考核。从量和质两方面进行考核。从量方面要考核各二级院系和各班级举办演讲、辩论、朗诵、讨论、讲课、团体训练、主题交流和比赛等活动的次数，还要从质的方面考核各二级院系和班级被遴选参加校级和系级评奖活动的数量。

（3）制定“德能修养”教学考评指标体系。我们从以下三个方面制定考评指标体系：

① 二级院系“德能修养”教学考评指标体系。对二级院系“德能修养”教学考评每学

期进行一次。

二级院系“德能修养”教学考评指标体系

序号	指标	权重	观测点	评价办法	得分
1	学生出勤	30分	学期综合出勤率为90%	每低（高）1个百分点减（加）1分，扣分不够可在总分里扣	
2	教学运行	50分	班级有“德能修养”教案或实施方案	一票否决项，查阅相关记录	
			班级有助课小组		
			班级有两次竞赛		
			有对学生等级评价		
3	学生评教	20分	学生对指导教师的满意度为80%	每低（高）1个百分点减（加）1分，扣分不够可在总分里扣	
4	课程建设质量	加分项	学生个人或团体参加系级以上的演讲、辩论、朗诵等比赛获奖的加分	学生个人获得系级优秀奖加2分/人次，三等奖加3分/人次，二等奖加5分/人次，一等奖加8分/人次；获得校、区、省（市）、国家级的奖项对应上浮2、3、5、8分/人次。学生团体获奖对应上浮5分/人次	
合计					

说明：得分低于60分的为不合格，不合格的院系全院通报批评，并追究相关人员的责任。

②“德能修养”任课教师教学考评指标体系。对“德能修养”任课教师的教学考评每学期进行一次。

“德能修养”任课教师教学考评指标体系

序号	指标	权重	观测点	评价办法	得分
1	学生出勤	30分	学期综合出勤率为90%	每低（高）1个百分点减（加）1分，扣分不够可在总分里扣	
2	教学运行	50分	班级有“德能修养”教案或实施方案	一票否决项，查阅相关记录	
			班级有助课小组		
			班级有两次竞赛		
			有对学生等级评价		
3	学生评教	20分	学生对指导教师的满意度为80%	每低（高）1个百分点减（加）1分，扣分不够可在总分里扣	
4	课程建设质量	加分项	学生个人或团体参加系级以上的演讲、辩论、朗诵等比赛获奖的加分	学生个人获得系级优秀奖加2分/人次，三等奖加3分/人次，二等奖加5分/人次，一等奖加8分/人次；获得校、区、省（市）、国家级的奖项对应上浮2、3、5、8分/人次。学生团体获奖对应上浮5分/人次	
合计					

说明：得分低于60分的为不合格。不合格的指导教师全院通报批评，不发当期（当月）课时津贴，并追究指导教师的责任。

③ 对学生的考核。学生学期综合出勤率达到90%，学生每学期参加三次班级活动者（含演讲、辩论、朗诵等）均为合格。其中获得系级优秀奖加2分，三等奖加3分，二等奖加5分，一等奖加8分；获得校、区、省（市）、国家级的奖项对应上浮3、5、8、10分。总评成绩在85分以上者为优秀、80～84分良好，70～79分为中，60～69分为合格，60分以下为不合格。每学期，学生“德能修养”成绩合格，可以获得1个学分，不合格者要补考，补考不合格者不发毕业证。

（4）酬劳和奖励。

① 为保证“德能修养”教学质量和各项工作的正常开展，学期初，学院根据各二级院系参加“德能修养”人数，按8元/人的标准下拨给各二级院系，作为“德能修养”的课时经费。

② 为充分调动各二级院系工作积极性，切实做好“德能修养”教学，学院特设立二级院系“德能修养”教学质量奖，每学期把全院“德能修养”课时经费总额的10%作为教学质量奖总额。学期末，学工部将对各二级院系“德能修养”教学质量进行考核评估，根据考核得分设一等奖1名，二等奖2名，三等奖3名，分别给予1000元、800元、500元课程教学奖励。

上篇　赢在人生的新起点

第一章 大学生活的适应

在进入大学之前，有人认为大学校园就是自我放纵的天堂，而自己就是天堂里的“娇子”，也有人认为大学是娱乐场，可以自由自在，不受束缚，抱着“60 分万岁，多一分浪费”的心态……其实，大学是获取知识的殿堂，是历练品质的练兵场，是连接学校和社会的桥梁。当大学新生一跨入大学，就会真切地感到生活环境、学习方式、人际关系、个人角色等都发生了重大变化。面对这些变化，如果不及时做出相应的调整和改变，就容易出现不适应大学生活的问题。同学们要想在人生的重要转型期尽快完成从中学向大学的转变、从基础教育向职业教育的转变，就应该了解大学的意义与新特点，掌握更快更好地适应新环境的方法，在体验大学生活中确定好自己的角色，树立新的目标与理想，在新的环境中学会自我负责与自我管理，不断提升做人、做事、沟通交流和学习的能力。

一、领 悟 箴 言

在人生的旅程中，每个人都要不断去适应新的环境。不少有智慧的人在适应的过程中总结凝练了许多富有哲理、发人深省的箴言。我们认真去品读，就会从中得到深刻启迪而幡然醒悟。我们将下面一些箴言赠送给大家，希望它能帮助同学们更深刻地认识人生，更好地适应大学这个人生的新阶段，赢在人生的新起点。

箴言文本

1. 去适应环境，别叫环境去适应你。
2. 这世上有三样东西是别人抢不走的：一是吃进胃里的食物，二是藏在心中的梦想，三是读进大脑的书。
3. 如果不读书，行万里路也不过是个邮差。
4. 所谓门槛，过去了就是门，没过去就成了槛。

5. 时间是治疗心灵创伤的大师，但绝不是解决问题的高手。

6. 宁愿做过了后悔，也不要错过了后悔。

7. 得之坦然，失之淡然，顺其自然，争其必然。

8. 世界没有悲剧和喜剧之分，如果你能从悲剧中走出来，那就是喜剧，如果你沉湎于喜剧之中，那它就是悲剧。

9. 有些事情不是难以做到才失去信心，而是因为失去信心才难以做到。

10. 精神操守方，思想方法圆；目标志向方，行动决策圆；严以律己方，宽以待人圆。

11. 宽容是送给他人的最好礼物，如果把它留给自己，那就是堕落的开始。

二、品读经典

品读大学生自强不息、勤勉求学的故事，榜样的力量能激励我们的斗志，品读富有哲理的经典故事，深睿的思想能启迪我们的智慧；鉴赏有关理想与成才的歌曲和影视作品，能振奋精神，引领我们朝着正确的方向前行；研读励志文学作品，领悟他人成功经验，感悟树立崇高理想对于人生新阶段的重要意义，能帮助我们培养坚强的意志品格，正确对待大学新生活中出现的机遇与挑战。

（一）经典故事赏析

故事文本

自强不息，“竞”技人生

阳光明媚的一天，在重庆师范大学的先进事迹报告会演讲台上，一位叫崔竞的女孩用她自强不息的故事感染着全场每一位听众。

崔竞是特殊教育学院08级的一位平凡女生，在崎岖不平的坎坷路上，她的事迹催人泪下。幼年时，三岁的崔竞听力开始下降，这对她的学习生活造成了困扰。幼小的她曾经一度失去信心，因为听力障碍，使得她无法与人正常交流，听课时也感觉吃力。但来自爷爷的鼓励，给了崔竞最大的激励，她振作精神，总是花费比旁人更多的时间和精力去刻苦学习，终于以良好的成绩被当地高中录取，朝“大学梦”迈进了一步。

噩运偏偏接踵而至，高一下期，崔竞患上了神经性耳聋，完全丧失了听力。但她并未就此向命运低头。在聋哑学校，崔竞开始了新的学习生活，凭借自己的不懈努力，终于在08年考入了重师特殊教育学院。命运仿佛开始眷顾这个顽强的女孩，崔竞的听力慢慢地恢复，借助助听器，她又能听到大千世界里美好的声音。

刚刚踏入大学校门，崔竞也曾与许多新生一样，对未来充满迷茫。课余时间，崔竞认真思考自己努力奋斗考上大学的目标：就是希望证明给所有人看——健听人士做得到的，听障人士一样可以做到！崔竞意识到自己不能再这样茫然下去，于是她开始积极、主动地学习并参加学校组织的各种活动。比起那些健全的学生来，崔竞对大学里的每一寸光阴都分秒必争。按照对自己未来的规划，大一时，崔竞参加了学校活动的手语翻译，原本羞涩内敛的性格变得落落大方；大二时，崔竞竞选院学生会副主席并成功当选，她策划了体育比赛、参加才艺表演、亲手编写话剧并组织同学们在集体活动上表演……她用实际行动向所有人宣告：听障学生可以将其他人能做好的做得更好！面对命运挑战，她从不言弃；走进大学生活，她自强不息；阳光笑对人生，她是生活的强者，我们的楷模！

链接：

重庆高校三学生当选“中国大学生自强之星”

在我们身边，像崔竞一样自强不息、战胜挫折的案例还有很多。2008年，重庆邮电大学冯平、重庆工学院张磊和重庆工程职业技术学院石永忠3名学生当选共青团中央、全国学联评选的“年度中国大学生自强之星”。

重庆工学院张磊来自山东临沂的沂蒙山区，高三时，他的母亲因病去世，由于家境窘迫，无奈借贷了5000元远赴重庆求学。天有不测风云，当张磊大二时，父亲也身患肺癌去世了。家中还有年事已高的奶奶，收入菲薄的姐姐，辍学打工的妹妹。在重重困难面前，张磊没有倒下，相反树立起一个强大的信念：发奋读书，靠自己的奋斗来念完大学，挣钱赡养奶奶，帮助亲人们渡过难关。大学几年中，张磊刻苦攻读，荣获了3万多元奖学金。靠自己的努力，他偿还了贷款，扶助了家中的亲人，而他留给自己每月的生活费仅有200元。

重庆邮电大学冯平和重庆工程职业技术学院石永忠，同样是来自偏远山区，在坎坷的求学路上，他们并未放弃实现理想的坚强信念，课内他们刻苦钻研专业知识，课外他们靠勤工俭学筹得自己的学费。靠着积极乐观、奋发向上的进取心，他们不但战胜了困难和挫折，更成为周遭大学生的榜样。

【经典故事赏析】

艰难困苦，玉汝以成。苦难是磨练人生最好的学校。崔竞等学生燃烧生命迸发出光和热，划出了一道闪亮的青春轨迹，他们顽强的意志、拼搏的精神是战胜命运、取得成功的关键。而反观我们身边的某些大学生，在家依靠父母、不思独立。跨入大学校门后，没有目标、随波逐流，一味放松自己，不思进取。或流连于花前月下，或沉湎于网络游戏，糊里糊涂，浑浑噩噩。几年下来，专业知识没有掌握几分，个人能力也没有提高多少，大学生涯结束，收获寥寥，甚至毕业就面临着失业。

当代大学生应该学习上述故事主人公自强不息的精神，用自己的智慧去适应人生新阶段的各种变化，尽快完成从中学向大学的转变，同时，还要不断完善自己提高自己的综合素质，为完成从大学生到职业人的转变而努力学习。

（二）经典影视和歌曲鉴赏

1. 歌曲鉴赏：《我相信》

【歌曲文本】

我相信

想飞上天
和太阳肩并肩
世界等着我去改变

想做的梦
从不怕别人看见
在这里我都能实现
大声欢笑让你我肩并肩
何处不能欢乐无限
抛开烦恼
勇敢地大步向前
我就站在舞台中间
我相信我就是我
我相信明天
我相信青春没有地平线
在日落的海边
在热闹的大街
都是我心中最美的乐园
我相信自由自在
我相信希望
我相信伸手就能碰到天
有你在我身边
让生活更新鲜
每一刻都精彩万分
I do believe

【赏析指导】

《我相信》是知名歌手杨培安的励志歌曲。有一种脚步不会徘徊，有一种选择永远无悔，有一种梦想贵在超越。这首充满力量与激情的歌曲，鼓舞着大学生们在人生新的转折点上不停奋进、搏击蓝天、超越梦想，挥汗如雨去实现新征程上的目标与梦想。

2. 影视鉴赏 纪录片：《身残志坚的重庆小将廖克力》

【记录片简介】

儿时的一场意外让他失去了一条手臂，身体的残疾没有打垮他生活的信心。在父母、同学、老师的鼓励帮助下，重庆小将廖克力战胜重重困难，最终实现了人生飞跃。在2010年广州亚残运会乒乓球男子单打TT6-7级决赛中，廖克力战胜泰国选手夺得了冠军，这也是重庆选手在亚残运会上获得的首枚金牌。

2011年4月，已成为重庆城市管理职业学院大一学生的廖克力受到团中央、全国学联表彰，荣获“2010年度中国大学生自强之星标兵”称号。

【赏析指导】

廖克力勇夺亚残会冠军，他身残志坚、自强不息的精神时刻感召着当代大学生：理想的实现往往要通过一条充满艰难险阻的曲折之路，需要不懈奋斗才能达成目标。身处顺境之中，要懂得居安思危、戒骄戒躁；身处逆境之中，更要不屈不挠、奋发向上。“艰难困苦，玉汝于成”，要勇于正视逆境和战胜逆境，就一定能在大学时代的新环境中实现远大理想。

3. 影视鉴赏：青春励志片《隐形的翅膀》

【影片简介】

《隐形的翅膀》是一部反映残疾人与命运顽强抗争的励志影片。该片讲述了志华在一次放风筝的过程中，因触电而不幸失去双臂后自强不息、最终取得成功的故事。在影片中，残疾女孩雷庆瑶扮演了女主人公志华的角色，凭借顽强的意志，她屡次克服了生活中的种种困难，学会了用脚代替手的操作，重燃了生活的希望。后来，她的母亲因精神失常而去世，这使她曾陷入绝望的深渊。但钢铁般的意志促使她强忍悲痛，凭借自己的实力取得了成功。

【赏析指导】

2007 年，残疾女孩雷庆瑶主演了北京电影制片厂冯振志导演的电影《隐形的翅膀》。凭借在该剧中出色的表现，她获得了第 12 届电影华表奖优秀少儿演员奖。2007 年 11 月，在印度国际儿童电影节上，庆瑶获得最佳演员奖“金象奖”。2008 年 9 月，在大连举行的第 27 届大众电影百花奖的颁奖典礼上，庆瑶又获得了最佳新人奖。

在该片中，雷庆瑶凭借出色的表演又一次实现了人生的超越。对于一个从来没有接受过任何表演训练且兼顾着学习的残疾女孩来说，拍电影是一个何其巨大的挑战。由于和片中主人公有着相似的经历，庆瑶演得很自然，可以说是本色出演。其中，有很多的戏需要她摔跤，庆瑶也是亲自上阵，骑自行车摔倒在草丛，一次不过再继续，可是她却从来没有抱怨。庆瑶就是这样，每做一件事都特别认真。在拍摄期间，她每天只能睡三四个小时，而且有时得工作一天一夜，睡眠严重不足。拍雨戏的时候，她光着脚在雨里奔跑，脚底都划破了。内蒙古的晚上特别冷，其他的人都穿着大衣，但她只穿着一件衬衫，她总是强忍着寒冷，休息的时候就马上裹着被子，冻得直哆嗦，就这样一场雨戏要一直持续到第二天早上。可是有一件事情让导演很担心，这场戏里有很多都是感情戏，都需要演员哭，这对专业演员都是一个难题，对庆瑶这样一个如此坚强、从不喜欢在别人面前哭的女孩来说更难。导演开始想的是，实在不行就用眼药水，可是庆瑶在开拍的时候真的就哭出来了，而且特别有感情，这样一次就过了。有一次拍哭戏，她哭了半个小时，当时哭休克了。她说因为她不爱哭，有时心里会有一些委屈无处宣泄，在拍戏时她可以全部发泄出。庆瑶的努力得到了肯定，她很幸运，但这和她的坚强也是分不开的。

（三）经典著作研读

1. 经典著作：《“今”》

【著作文本】

“今”

李大钊

我以为世间最可宝贵的就是“今”，最易丧失的也是“今”，因为他最容易丧失，所以更觉得他可以宝贵。

为甚么“今”最可宝贵呢？最好借哲人耶曼孙所说的话答这个疑问：“尔若爱千古，尔当爱现在。昨日不能唤回来，明天还不确实，尔能确有把握的就是今日。今日一天，当明日两天。”为甚么“今”最易丧失呢？因为宇宙大化，刻刻流转，绝不停留。时间这个东西，也不因为吾人贵他爱他稍稍在人间留恋。

试问吾人说“今”说“现在”，茫茫百千万劫，究竟哪一刹那是吾人的“今”，是吾人的“现在”呢？刚刚说他是“今”是“现在”，他早已风驰电掣的一般，已成“过去”了。吾人若要糊糊涂涂把他丢掉，岂不可惜？

有的哲学家说，时间但有“过去”与“未来”，并无“现在”。有的又说，“过去”，“未来”皆是“现在”。我以为“过去未来皆是现在”的话倒有些道理。因为“现在”就是所有“过去”流入的世界，换句话说，所有“过去”都埋没于“现在”的里边。故一时代的思潮，不是单纯在这个时代所能凭空成立的，不晓得有几多“过去”时代的思潮，差不多可以说是由所有“过去”时代的思潮，一凑合而成的。

……

现时有两种不知爱“今”的人：一种是厌“今”的人，一种是乐“今”的人。

厌“今”的人也有两派。一派是对“现在”一切现象都不满足，因起一种回顾“过去”的感想。他们觉得“今”的总是不好，古的都是好。政治、法律、道德、风俗，全是“今”不如古。此派人唯一的希望在复古。他们的心力全施于复古的运动。一派是对于“现在”一切现象都不满足，与复古的厌“今”派全同。但是他们不想“过去”，但盼“将来”。盼“将来”的结果，往往流于梦想，把许多“现在”可以努力的事业都放弃不做，单是沉溺于虚无飘渺的空玄境界。这两派人都是不能助益进化，并且很阻滞进化的。

乐“今”的人大概是些无志趣无意识的人，是些对于“现在”一切满足的人。他们觉得所处境遇可以安乐优游，不必再商进取，再为创造。这种人丧失“今”的好处，阻滞进化的潮流，同厌“今”派毫无区别。

……

忆独秀先生曾于《一九一六年》文中说过，青年欲达民族更新的希望，“必自杀其一九一五年之青年，而自重其一九一六年之青年。”我尝推广其意，也说过人生唯一的蕲向，青年唯一的责任，在“从现在青春之我，扑杀过去青春之我；促今日青春之我，禅让明日青春之我。”“不仅以今日青春之我，追杀今日白首之我，并宜以今日青春之我，豫杀来日白首之我。”实则历史的现象，时时流转，时时变易，同时还遗留永远不灭的现象和生命于宇宙之间，如何能杀得？所谓杀者，不过使今日的“我”不仍旧沉滞于昨天的“我”。而在今日之“我”中，固明明有昨天的“我”存在。不止有昨天的“我”昨天以前的“我”，乃至十年二十年百千万亿年的“我”，都俨然存在于“今我”的身上。然则“今”之“我”，“我”之“今”，岂可不珍重自将，为世间造些功德。稍一失脚，必致遗留层层罪恶种子于“未来”无量的人，即未来无量的“我”。永不能消除，永不能忏悔。

我请以最简明的一句话写出这篇的意思来：吾人在世，不可厌“今”而徒回思“过去”，梦想“将来”，以耗误“现在”的努力；又不可以“今”境自足，毫不拿出“现在”的努力，谋“将来”的发展。宜善用“今”，以努力为“将来”之创造。由“今”所造的功德罪孽，永久不灭。故人生本务，在随实在之进行，为后人造大功德，供永远的“我”享受，扩张，传袭，至无穷极，以达“宇宙即我，我即宇宙”之究竟。

【研读指导】

过去已如逝水无法追忆，未来恍若轻云捉摸不定，唯有“今”才是我们可以握于手中的。唯有珍惜今日之韶光、锤炼今日之意志、快马加鞭并不懈努力，才能成就明日之事业！在人生每一个新的转折点上，智者既不会沉湎于对无法挽回之过去的追悔，也不会沉湎于对未来不切实际的幻想。把握今日、分秒必争，树立目标、不断努力，才能创造辉煌的明天。

2. 经典著作:《理想》

【著作文本】

理想

流沙河

理想是石，敲出星星之火；
理想是火，点燃熄灭的灯；
理想是灯，照亮夜行的路；
理想是路，引你走到黎明。

饥寒的年代里，理想是温饱；
温饱的年代里，理想是文明。
离乱的年代里，理想是安定；
安定的年代里，理想是繁荣。

理想如珍珠，一颗缀连着一颗，
贯古今，串未来，莹莹光无尽。
美丽的珍珠链，历史的脊梁骨，
古照今，今照来，先辈照子孙。

理想是罗盘，给船舶导引方向；
理想是船舶，载着你出海远行。
但理想有时候又是海天相吻的弧线，
可望不可即，折磨着你那进取的心。

理想使你微笑地观察着生活；
理想使你倔强地反抗着命运。
理想使你忘记鬓发早白；
理想使你头白仍然天真。

理想是闹钟，敲碎你的黄金梦；
理想是肥皂，洗濯你的自私心。
理想既是一种获得，
理想又是一种牺牲。

理想如果给你带来荣誉，
那只不过是它的副产品，
而更多的是带来被误解的寂寥，
寂寥里的欢笑，欢笑里的酸辛。

理想使忠厚者常遭不幸；
理想使不幸者绝处逢生。
平凡的人因有理想而伟大；
有理想者就是一个“大写的人”。

世界上总有人抛弃了理想，
理想却从来不抛弃任何人。
给罪人新生，理想是还魂的仙草；
唤浪子回头，理想是慈爱的母亲。

理想被玷污了，不必怨恨，
那是妖魔在考验你的坚贞；
理想被扒窃了，不必哭泣，
快去找回来，以后要当心！

英雄失去理想，蜕作庸人，
可厌地夸耀着当年的功勋；
庸人失去理想，碌碌终生，
可笑地诅咒着眼前的环境。

理想开花，桃李要结甜果；
理想抽芽，榆杨会有浓阴。
请乘理想之马，挥鞭从此起程，
路上春色正好，天上太阳正晴。

【研读指导】

《理想》是我国当代著名诗人流沙河的代表诗作。这首诗歌多次被选入语文教材，成为广为传诵的经典之作。本诗一连串形象生动的比喻揭示了理想如明灯指引人生方向的重要作用。理想如石、如火、如灯、如路，如黑夜海上之灯塔，如点燃光明之火把，有了崇高理想的指引，才能开启光明的人生。今天的理想之花，会结出明日的硕果；今天的理想之芽，会长成明日的浓阴。树立了理想，不懈地奋斗，就会取得丰硕的收获！

在新的历史时期，丽日当空，春色一片，中华民族伟大复兴展现出了灿烂辉煌的美好前景。广大学子要将个人理想与共同理想联系起来，树立为祖国繁荣富强贡献青春力量的远大志向，在奋斗中谱写壮美的青春之歌。

3. 经典著作：《假如给我三天光明》

【著作文本】

假如给我三天光明（节选）

海伦·凯勒

1896年的10月，我进入剑桥女子中学上学，为进入哈佛大学德克利夫学院做准备。

在还是个小女孩的时候，曾参观过卫斯理女子学院。那时，我对大家说："将来我一定要进大学，而且是哈佛大学。"朋友们都很惊讶，哈佛大学的入学考试是众所周知的困难，他们问我为何不愿进卫斯理女子大学。我回答说因为那里只有女学生。

上大学的念头已经在我心中根深蒂固，而且成为我最热切的愿望。我不顾许多真诚而又聪明的朋友们的反对，想跟正常的女孩子们一争高低。我决定进入剑桥中学，这是通往哈佛，实现我童年梦想的一条捷径。

在剑桥中学，莎莉文小姐跟我同堂上课，把老师讲授的所有东西翻译给我听。老师们也没有教育聋哑孩子的经验，听她们的讲话，只有摸她们的嘴唇。一年级的课程有英国史、英国文学、德文、拉丁文、数学、拉丁文作文和其他科目。在此之前，我从未为进大学而专门学习某种课程，但我的英语在莎莉文小姐精心辅导下进步很大。不久教员们就认为，除了大学临时指定的几本书外，这项课程就不需要专门上课了。我曾在法文学习上打下了一些基础，学习过6 个月的拉丁文，而学习时间最多的还是德文。

不过，莎莉文小姐不可能把所有该读的书本内容要点，都在我手上写出来，也没有办法轻而易举地把课本改为凸字版，以方便我使用。有时候，我必须把拉丁文用盲文抄下来，方便与同学们一起朗读。

老师们很快就习惯了我不完整的语言，并且能解答我所提出的问题，及时纠正我的错误。我在课堂上无法记笔记和做练习，于是在课后用打字机写作文和做翻译。

莎莉文小姐每天和我一起上课，以她无限的耐心把老师们所讲的都写在我手中。自修时间，她帮我从字典上查出生字，帮助我把没有凸字的笔记和课本反复阅读。这些事情的单调和枯燥是难以想象的。

德语老师葛洛和校长吉尔曼是学校里唯一学过手语来指导我的老师。虽然葛洛小姐拼字时，是如此缓慢和不得法，然而她一片苦心，辛辛苦苦地每星期为我上两节特别课，把她的教学内容写出来，好让莎莉文老师能够休息片刻。虽然每个人都这么仁慈地想帮助我，可惜的是，能使辛苦的工作变成快乐的只有一个人。

在这一年里，我学习了数学、拉丁语语法，阅读完恺撒《高卢战记》的前三章。

在德语方面，在莎莉文老师的帮助下，阅读了席勒的《钟之歌》和《潜水者》、海涅的《哈尔茨山游记》、佛雷格的《菲特烈大帝统治时代散记》、里尔的《美的诅咒》、莱辛的《米娜 · 封彭尔姆》以及歌德的《我的一生》。这些德文书给我以极大的愉快，特别是席勒的那些美妙绝伦的抒情诗，菲特烈大帝的丰功伟绩的历史，以及歌德生平的记述，使我久久不能忘怀。《哈尔茨山游记》让人回味无穷，它用诙谐、引人入胜的语句描写了那盖满蔓藤的山冈，在阳光下汩汩奔流的小溪，那些富有传奇色彩的野蛮地区，还有神话中的灰姑娘——只有把自己的情爱嗜好完全融合在大自然中的人，才能写出如此生动的篇章。

吉尔曼先生教了我好几个月的英国文学。我们一起阅读了《皆大欢喜》，贝尔克的《调停美洲的演讲词》、麦考利的《塞缪尔 · 约翰逊传》。吉尔曼先生的历史和文学知识十分渊博，讲解起来出神入化，使学习变得兴趣盎然，是机械背诵和记笔记所无法比拟的。

在我所读过的政治著作中，伯克的演说是最启发人的。我的心随着岁月的动荡而动荡，许多重要的历史人物都纷纷展现在我眼前。伯克滔滔不绝的雄辩，预言如果坚持敌对，得益的将是美国，英国将蒙受屈辱。我十分困惑的是，英王和大臣们为什么对伯克的预言充耳不闻。思想的火花和智慧的种子，竟然播种在无知与腐朽的草堆里，令而叹息。

麦考利的《塞缨尔·约翰逊传》读起来兴趣盎然，但情趣迥异。这个孤独者在克鲁勃大街忍受着苦难，却对那些卑微的劳苦大众给予慰藉，伸出援助的手臂。他的一切成功都使我兴高采烈，而遇到的过失则避开不看。我惊异的不是他这些过失，而是这些过失竟然未能使他的精神蒙受损失。麦考利才华出众，他犀利的笔锋化腐朽为神奇，确实令人钦佩，然而他的自负有时却令我厌烦。还有他那迁就实用而牺牲真理的做法，我也是抱着怀疑的态度的。

在剑桥中学，我一生中头一次享受到和同龄、视听正常的女孩生活在一起的情趣。我同几个同学居住在临近校舍的一间房子里，好像住在家里一样。我们一起做游戏、捉迷藏、打雪仗。我们常常携手漫步，讨论功课，高声朗读美妙的作品。有些女孩也学会了手语，彼此之间的交流已经不需要莎莉文老师从中翻译了。

圣诞节到了，母亲和妹妹来和我共度节日。吉尔曼先生照顾我们，让米珠丽进入剑桥中学学习。因此，她就和我一起留在剑桥形影不离地度过了6个月快乐的时光。

1897年6 月29日到7月3日，我参加了德克利夫学院的入学考试。考试的科目有初级和高级德语、法语、拉丁语、英语、希腊文，以及罗马史，考试时间共9 个小时。我不但每科都及格了，而且德语和英语得了“优”。

【研读指导】

本文节选自海伦·凯勒（Helen Keller）的自传体散文代表作《假如给我三天光明》，海伦·凯勒是 19 世纪美国盲聋女作家、教育家、慈善家、社会活动家。1880 年 6 月 27 日，她出生于亚拉巴马州北部一个小城镇——塔斯喀姆比亚。在 19 个月的时候，她被猩红热疾病夺去了视力和听力，也失去了说话的能力。在这黑暗而又寂寞的世界里，她并没有放弃，而是自强不息。

在导师安妮·莎莉文的帮助下，海伦学会用顽强的毅力克服生理缺陷所造成的精神痛苦。她热爱生活并从中得到许多知识，学会了读书和说话，并开始和其他人沟通。她以优异的成绩毕业于美国哈佛大学拉德克利夫学院，成为一个学识渊博，掌握英、法、德、拉丁、希腊五种文字的著名作家和教育家。她走遍世界各地，为盲人学校募集资金，把自己的一生献给了盲人福利和教育事业。她获得了世界各国人民的赞扬，并得到许多国家政府的嘉奖。海伦·凯勒被美国《时代周刊》评选为 20 世纪美国十大英雄偶像。

她以一个身残志坚的柔弱女子的视角，告诫身体健全的人们应珍惜生命，珍惜造物主赐予的一切。此外，本书中收录的《我的人生故事》被誉为“世界文学史上无与伦比的杰作”。它讲述了一个坚强女性永不放弃追求光明和梦想的真实故事。自传中，海伦·凯勒无惧噩运、用一颗不屈不挠的心去迎接命运的挑战，创造了一个又一个生命的奇迹。本文节选章节讲述她凭借坚强的意志战胜种种困难，以优秀的成绩考入哈佛大学的拉德克里夫学院，成为世界上第一个完成大学教育的盲聋人的经历。这些震撼人心的心路历程足以鞭策每个大学生，以奋发图强的姿态积极向上，为梦想自强不息，创造生命的奇迹。

三、主题活动

针对大学新生在适应大学生活过程中出现的各种思想问题、心理问题、行为问题，开展相关主题的演讲、论辩、朗诵、征文等各类比赛，寓教育于各种活动之中。这对引领同学们了解大学，适应新的学习生活环境，确立正确的人生目标，完成从中学生向大学生的角色转变具有十分重要的意义。我们推荐了一些主题演讲、辩论、朗诵、征文的题目，并且撰写了相关范例，供各班、院系和学校开展相关活动参考。

（一）主题演讲比赛

1. 推荐主题

“赢在起点”、“我的理想”、“规划我的大学”、“人生、理想与社会”、“把握今天，成就未来”。

2. 主题范例

（1）主题说明：以“感悟大学 放飞梦想”为主题开展演讲比赛。今天站在哪里并不重要，最重要的是你下一步迈向哪里。职业生涯规划对于每个人来说都是必不可少的，对于大学生尤其重要。大学时代可谓是人一生中的黄金时代，也是一个人性格形成和能力发展一个重要的阶段，大学生做好职业生涯规划，结合自己的职业生涯目标，才能使学习更加有效，从而赢在起跑线上。

（2）演讲稿范例：

感悟大学　放飞梦想

尊敬的各位来宾，亲爱的朋友们：

大家好！我今天演讲的题目是：“感悟大学 放飞梦想”。

青春，一个无比靓丽的字眼，它承载了我们寄予未来的希望。跨入大学校门，曾经懵懂无知的我，迎来了充满机遇与挑战的大学时代！

青春桃红柳绿，充满了年轻的激情；然而青春又如白驹过隙，短暂而珍贵！它是我们每个人人生旅途中的一处驿站，只作片刻停留。青春不容后悔，青春不容迷茫，青春拒绝伤感，青春拒绝彷徨。要把握我们的梦想与明天，就必须学会珍惜我们今天的时光，努力创造明天的辉煌。

曾几何时，我们的梦想在黑夜里迷失；曾几何时，我们的努力遭遇挫折与风暴；曾几何时，青春的热血被命运的冷雨浇熄，成长的伤痛折断我们脆弱的翅膀……但阳光总会冲破破晓的云层，青春的骄阳不会总被乌云遮挡。只要有梦，就会找到前进的方向！雏鸟总会变作矫健的雄鹰，在碧海蓝天展翅翱翔！

挥别生涩的青葱岁月，我们昂首阔步，跨入大学校门。在这个新的征途上，我们有了新的梦想。青春不容许挥霍宝贵的时光，梦想催促我们快马加鞭，自强不息，奋发向上！大学是人生的转折，大学是梦想的基石，未来要靠今天去拼搏；明天要靠我们去创造！在这个起点上，我们仰望梦想的苍穹，深蓝天空，星空闪烁，我将化为最灿烂的那一颗！

脚踏大地，仰望星空，我们必将脚踏实地去开拓我们的明天；站在起点，远眺彼岸，我们必将用汗水和拼搏去绘画理想的蓝图。天生我材必有用，让我们携起手来，共创美好的大学生涯！

谢谢大家！

（3）策划方案：（范例见附录）

（二）主题辩论比赛

1. 辩题推荐

（1）正方：女性比男性更需要关怀。反方：男性比女性更需要关怀。

（2）正方：愚公应该移山。反方：愚公应该搬家。

（3）正方：网络使人更亲近。反方：网络使人更疏远。

2. 主题范例

（1）主题说明：以“大学生在校期间恋爱的利与弊”为主题展开辩论。正方观点为：大学生在校期间恋爱利大于弊，反方观点为：大学生在校期间恋爱弊大于利。辩论双方各自列举论据说明大学生恋爱的利弊。

（2）策划方案：（范例见附录）

（三）主题朗诵比赛

1. 推荐主题

“昨日 今日 明日”、“放飞梦想”、“我的未来不是梦”。

2. 主题范例

（1）主题说明：以“放飞梦想”为题开展朗诵比赛，朗诵作品围绕“树立成才目标，追求远大理想”主题进行选择。选择古今中外文学作品中有关成才和理想的篇目进行朗诵（学生也可选择个人原创作品进行朗诵）。

（2）策划方案：（范例见附录）

（四）主题征文比赛

1. 推荐主题

“我的大学生涯规划”、“我的成才目标与奋斗计划”、“我的使命宣言书”、“感悟军训”、“定位你的人生”

2. 主题范例

（1）主题说明：以“定位你的人生”为主题举办征文大赛。很多时候，我们会对这五彩斑斓的人生有所憧憬，有着自己的梦想和奋斗目标，美好的大学生活充溢着我们的希望。如果把高中比喻成独木桥，那么大学就是立交桥。走独木桥时，目标很明确，只需要踏踏实实地向前走就能够到达终点。走立交桥却要辨认方向，如果选择了错误的方向，将无法到达终点；即使通过努力到达终点，也会无奈地发现结果并不是自己想要的。怎样才能站在人生的新起点上，树立好目标，实现自己的梦想呢？结合自身实际撰写征文，文体不限。

（2）征文范例：

定位你的人生

人生应该成就非凡的梦想，可是即使是最宏伟、最富丽的梦想，也应该站在正确的位置，选择正确的方向。

并不是每一粒种子都能发芽，并不是每一株幼芽都能成长，并不是每一朵花蕾都能绽放。

雄鹰翱翔天空，它有它的位置和方向；乌鸦栖息枝头，它也有自己的追求和梦想。没有必要羡慕雄鹰，也绝对不要嘲笑乌鸦。

然而人们总是忘记自己的优势，一味地去羡慕别人，追求自己永远无法实现的梦想。麻雀羡慕鸿雁，鸿雁羡慕天鹅，天鹅羡慕凤凰……可是麻雀没有鸿雁那样的翅膀，鸿雁没有天鹅那样的脖子，天鹅没有凤凰那样的仪态和涅槃的自由……其实这世界没有必要非得这样循环往复，麻雀、鸿雁、天鹅，都有自己的优势所在。为自己的人生铸就一个梦想是人生的必然，可是，如果我们站在了错误的位置，朝向了错误的方向，结果会怎样？

朝着与目标相反的方向努力奔跑，我们只能离目标越来越远。

背离了现实与客观规律，任凭谁也不能成就伟大的事业。假如没有飞翔的能力，我们就不要对着万丈深渊遐想，假如没有潜水的能力，就不要试着去深海里冲浪。

我们的目标崇高而伟大，我们为了实现梦想坚忍不拔，然而，我们的一切努力，都必须朝着正确的方向。

如果你是一只飞鸟，请尽情在天空中飞翔，展示你极致的美，追求你的梦想吧，不要羡慕海里的游鱼，朝着浩瀚的大海扇动你的翅膀。如果你是一尾游鱼，请尽情地在大海里遨游，选择好你的位置，实现你的雄心壮志，不要羡慕天空的飞鸟，向着天空摇动你的尾巴吧；如果你是一朵野花，请尽情释放你的热情吧，大自然就是你的位置，不要向着温室里华丽的玫瑰投射出仰慕的目光！

为了实现自己的梦想，请别忽视自己的优势所在，找到属于你自己的位置吧！为了自己的梦想，停停步、定定位，看准路牌所指的方向！

（3）策划方案：（范例见附录）

（五）主题班会和团日活动

1. 推荐主题

“走访学长”、“军训汇报会”。

2. 主题范例

以“走访学长”为主题开展班团活动。教师事先向学生介绍需要访问的对象（如本校荣获各项荣誉的优秀大学生），然后组织学生到现场进行座谈访问（以每班的德能修养实践活动小组为单位），通过与高年级学生的接触及交流，就大学生活的适应、成才目标的选择及发展规划的制订等问题进行深入探讨。同时，感性地认识身边的先进人物，了解其先进事迹，认真分析总结其先进经验，并加以学习和借鉴。走访学长的心得体会，以小组为单位，选择发言代表进行交流汇报。

四、学 习 交 流

同学之间的学习交流是长思想、获知识、增才干的重要途径。通过团体素质拓展训练，能提升我们对新环境的适应能力；通过观摩精品报告，能帮助我们扬起理想的风帆，树立正确的成才目标；通过互动学习和交流，提升人际沟通能力、交往能力、协作能力，通过互动学习和交流，提升信息检索能力、资料查阅能力、调查调研能力等。

（一）团体素质拓展训练

1. 推荐项目

“参观大学校园”、“走到一起来”、“我心目中的大学生”。

2. 项目范例

“参观大学校园”活动方案

训练目的：使大一新生尽快适应新的学习环境，尽快消除对新环境的陌生感。

训练方式：参观、讨论等。

表 1-1 所示为“参观大学校园”团训详解。

表 1-1 “参观大学校园”团训详解

人数	全班	时间	2 小时	场地	校园内
用具					
团训步骤及详解					
（1）参观 辅导员将全班学生集合起来，先向他们介绍学校的基本概况，包括：何时建校、学校机构、设施、师资力量、师生人数等基本概况；学校在发展过程中取得的相关成就、奖项、有成就的毕业生情况等；学校近期发展与远期规划等			操作详解：学生分成两个纵队，在辅导员带领下参观学校的主要设施，带队教师进行讲解		
（2）讨论 学生回到教室后，以“德能修养”实践活动小组为单位，讨论对学校的总体感受					
（3）要求每个学生写一篇心得体会，并思考怎样适应大学生活					

"走到一起来"活动方案

训练目的：提升人际沟通交往能力、适应能力。

训练形式：游戏。

表 1-2 所示为"走到一起来"团训详解。

表 1-2 "走到一起来"团训详解

人数	全班	时间	2 小时	场地	校园内
用具					
团训步骤及详解					
（1）制作小卡片。 卡号分两种：一种卡上写上一些古今中外的有名作家的名字；另一种写上各自的代表作品（作品可以重复出现在不同的卡片上）			操作详解：把这些卡片分发给参加团训的同学		
（2）找朋友。 老师让持人名的人站在前边，并命其为组长，然后让他们各自介绍自己，并宣布自己所持卡片上的人名；随后，老师开始宣读这些人名的主要代表作品（顺序打乱），宣布持"作品卡"的同学上台寻找自己的组长，比一比哪个小组最先组建成功			操作详解：操作成功后，让各小组组长介绍本组成员		
（3）漫谈。 留出一定的时间，让各小组同学互相认识，并做一些交流					

"我心目中的大学生"活动方案

训练目的：讨论自己心目中的大学生，有助于大一新生明确自己的角色变化，树立远大的志向，充实、愉快地度过大学生活。

训练形式：演讲比赛。

表 1-3 所示为"我心目中的大学生"团训详解。

表 1-3 "我心目中的大学生"团训详解

<table>
<tr><td>人数</td><td>全 班</td><td>时间</td><td>2 小时</td><td>场地</td><td>校园内</td></tr>
<tr><td>用具</td><td colspan="5"></td></tr>
<tr><td colspan="6">团训步骤及详解</td></tr>
<tr><td colspan="3">（1）放松。
在室内，也可以到室外去做一些放松体操，或热身活动，总之，使每个学生都能得到身体的放松</td><td colspan="3">操作详解：指导教师请全班同学起立，分成两个纵队，请一名同学登台带着全体同学做体操</td></tr>
<tr><td colspan="3">（2）自我简介。</td><td colspan="3">操作详解：每位同学简要介绍自己</td></tr>
<tr><td colspan="3">（3）演讲。
让每位成员闭目想象自己会如何度过这三年大学生活，实现什么目标（如：入党、荣获奖学金、担任干部、在校创业等）。然后，老师开始用积极的语言鼓励学生登台演讲</td><td colspan="3">操作详解：告诉每位成员可以将想象的内容打成腹稿，并试图用清晰的语言表达出来</td></tr>
</table>

（二）精品报告

1. *推荐报告：如何适应大学生活*

（1）报告人：王登峰，北京大学心理系教授，博士生导师。他是提出针对中国人个性特点的人格模型（人格素质"大七"因素模型）的第一人，为中国人自己的心理模型研究做出了开创性成果。

（2）报告简介：

在北大迎新报告会上，王登峰教授向广大学子讲述了人生的五个阶段、六次转折 。他强调：从一个阶段转入另一个阶段，我们必须得调整自己去适应这样的一种变化。他还生动地讲解了广大学子在大学阶段的主要任务——"四会"：learn to be；learn to do；learn to be with others；learn to how to learn。即学会做人、学会做事、学会与人相处、学会如何学习。同时完成三个转变：一是客观环境的变化和学习方式的变化；二是建立一种新型的人际关系；三是要正确认识自己的作用。

2. 推荐报告：马云与大学生面对面

（1）报告人：马云。

（2）报告简介：身为中国 IT 五大掌门人之一的马云，是阿里巴巴集团的主要创始人之一。他是首位成为《福布斯》杂志封面人物的大陆企业家，并曾获选为“未来全球领袖”。马云在与 80 后、90 后大学生面对面的交流中，用许多生动形象的比喻讲述了有关梦想、创业、竞争、成功的经验。

3. 推荐报告：把握现在，成就未来

（1）报告人：清华大学 09 级新生代表。

（2）报告简介：本报告节选自清华大学 09 级新生演讲汇报会。报告激情洋溢地抒发了当代学子仰望星空、志存高远、报效祖国的拳拳之心，同时也阐明了脚踏大地、立足现实、学有所为的重要性，报告清楚地阐明了现实与理想的重要关系，对大学新生如何树立目标、如何脚踏实地、如何规划人生有可取的借鉴价值。

（三）小组和班级学习交流

1. 大学新生适应大学学习的学习交流系列活动策划方案

适应大学学习的学习交流系列活动策划方案

（1）活动目的。

纠正大学新生对大学学习存在的误区，帮助同学们运用正确的学习方法，促进学习能力的提高。

（2）活动对象。

2011 级××××专业××班全体同学。

（3）活动时间。

2012 年 11 月 3 日～17 日。

（4）地点。

×××多媒体教室。

（5）活动内容和方式。

① 播放电影《大学新生》。

② 播放《大学期间学习时间管理》。

③ 邀请 2009 级××××专业××班同学交流学习经验，然后，进行面对面交流，讨论如何适应大学学习的问题。

④ 布置 2011 级××××专业××班全体同学写观后感和听后感，组织进行交流。

（6）活动准备。

① 由班长向 2011 级××××专业××班全体同学传达活动策划方案。

② 由团支部书记准备好《大学新生》、《大学期间学习时间管理》光碟。

③ 学习委员与 2009 级××××专业××班同学代表协调好经验介绍的内容和时间。

④ 由宣教委员申请活动教室和准备相机。

（7）活动时间安排。

① 2011 年 11 月 3 日，召开班会，班长传达活动策划方案。

② 2011 年 11 月 8 日，播放《大学期间学习时间管理》。

③ 2011 年 11 月 13 日，播放电影《大学新生》。

④ 2011 年 11 月 17 日，邀请 2009 级××××专业××班同学交流学习经验，布置 2011 级××××专业××班同学写观后感和听后感。

⑤ 2011 年 11 月 25 日，组织 2011 级××××专业××班同学交流观后感和听后感，由教师点评。

2011级××××专业××班“德能修养”助课小组

2. “我的大一生活”交流讨论

以“德能修养”实践活动小组为单位。进行交流讨论。主要针对大一学习和生活中的感悟、对学校自然环境与人文环境的感想、参加各类比赛活动的经历和体验等。每小组成员协同制作“我的大一生活”的 PPT 并进行展示。

第二章　爱国主义的弘扬

爱国主义是千百年来生活在同一国家的人民，基于对民族、国家、人民的最高利益而形成的对祖国的亲切、热爱、依恋之情，以及在这种感情的支配下的社会伦理道德和社会实践行为。学习本章，应深入把握爱国主义的科学内涵和基本要求，了解中华民族爱国主义的优良传统，认识中华民族爱国主义的时代价值。当代大学生要充分认识到：在经济全球化趋势加快发展的形势下，更要大力弘扬爱国主义，自觉培养民族自尊心和自豪感，维护祖国统一、促进民族团结，做忠诚的爱国者。

一、领 悟 箴 言

我们每个人的命运都与祖国密切相连，国家的命运、前途更与大学生的命运和前途息息相关。在中华民族几千年历史长河中，无数仁人志士为国家、民族、人民鞠躬尽瘁、死而后已，他们用顶天立地的光辉言行唱出了一曲曲荡气回肠的爱国之歌，留下了许多豪迈的箴言。我们认真去品读，就会从中得到感召，激发起我们的爱国热情、树立远大的报国之志、储备深厚的效国之力，以回报祖国，实现中华民族的伟大复兴和腾飞。

箴言文本

1. 人类最高的道德是什么？那就是爱国心。
2. 为中华之崛起而读书。
3. 位卑未敢忘忧国。
4. 河山信美，当以热血卫之。
5. 先天下之忧而忧，后天下之乐而乐。
6. 苟利国家生死以，岂因祸福避趋之。

7. 以国家之务为己任。

8. 常思奋不顾身，而殉国家之急。

9. 以家为家，以乡为乡，以国为国，以天下为天下。

10. 风声、雨声、读书声，声声入耳；家事、国事、天下事，事事关心。

二、品读经典

品读仁人志士的故事，榜样的力量能激励我们的斗志；鉴赏有关爱国与奉献的歌曲和影视作品，能激发我们的爱国热情，引领我们朝着正确的方向前行；研读经典爱国主义文学作品能使我们自觉培养民族自尊心与自豪感，感悟祖国命运与个人前途命运紧密相连的重要意义，奋发图强，以己之才、回报社会、回报国家。

（一）经典故事赏析

1. 国破尚如此，我何惜此头！——抗战英烈吉鸿昌的爱国绝唱

故事文本

国破尚如此，我何惜此头！

——抗战英烈吉鸿昌的爱国绝唱

1934年，一代抗日名将、共产党人吉鸿昌以树枝作笔，大地为纸，在刑场上疾书一首："恨不抗日死，留作今日羞。国破尚如此，我何惜此头！"，他用鲜血谱写出了一曲气贯长虹的爱国绝唱。

1895年10月，吉鸿昌出生于河南省扶沟县一个贫苦农民家庭。生活的磨练，造就了他正直刚强的性格。1913年8月，吉鸿昌加入冯玉祥的队伍，开始戎马生涯。他有勇有谋、智勇双全。在北伐战争中，他所率部队被称为国民革命军第二集团军的"铁军"。

1926年北伐战争开始，吉鸿昌与党内人士接触密切，耳濡目染，深受影响。在蒋介石对中央革命根据地进行第一次围剿时，吉鸿昌部以种种托词，按兵不动。此后，吉鸿昌被蒋介石解除兵权，并被强迫"出国考察"。期间他一路宣传抗日，号召海外侨胞"用热血拥护祖国"。船到美国，吉鸿昌被亲身经历的几件事深深震撼了。那里的头等旅馆不接待中国人，却对日本人奉若神明。有一次，吉鸿昌要往国内邮寄衣物，邮局职员竟说世界上已经不存在中国了，吉鸿昌异常愤怒，刚要发作，陪同的使馆参赞劝道："你为什么不说自己是日本人呢？只要说自己是日本人就可受到礼遇。"吉鸿昌当即怒斥："你觉得当中国人丢脸吗，可我觉得当中国人光荣！"

为了抗议帝国主义者对中国人的歧视，维护民族尊严，他找来一块木牌，用英文仔细地在上面写上："I am Chinese!（我是中国人！）"在国外，吉鸿昌通过记者的采访，揭露了日本侵略中国的种种罪行，并斥责英国纵容日本侵略中国、蒋介石对日妥协的丑恶行径。在德国时，吉鸿昌曾多次要求到苏联进行访问，遭到蒋介石反动政府使馆的百般刁难，不予签证。悲愤之下，吉鸿昌挥笔疾书："渴饮美龄血，饥餐介石头。归来报命日，

恢复我神州。”

1932年1月28日，日本帝国主义悍然进攻上海，吉鸿昌闻讯立即回国。随后再次率旧部起义，由于敌人的围追堵截遂致失败。吉鸿昌突围进入苏区。这一年秋，吉鸿昌被批准加入中国共产党。

吉鸿昌是坚定的抗日英雄。他变卖家产，自己拿出6万元购买一批武器，秘密运到抗日前线张家口。1933年5月26日，察哈尔民众抗日同盟军宣告成立，吉鸿昌为第二军军长。6月开始，吉鸿昌被任命为北路前敌总指挥，率部北进，三战三捷，收复多伦，对全国抗日力量产生极大鼓舞。

然而，此时蒋介石却派重兵进攻察哈尔，致使抗日同盟军腹背受敌。8月8日，日寇大举进攻多伦。根据党组织意见，吉鸿昌命令部队分批撤出县城。当夜，多伦群众伫立街头，含泪送行。

1934年5月，吉鸿昌在天津组织成立了中国人民反法西斯大同盟，并成立了有各地反蒋抗日力量代表在内的大同盟中央委员会，吉鸿昌任中央委员会及大同盟内的中共党团领导成员。为宣传抗日爱国，大同盟编辑出版了机关刊物《民族战旗》。吉鸿昌用自己的钱购置印刷工具，并在他家三楼建立了简易印刷所。他的家同时成了党在天津进行抗日民族统一战线工作的主要联络站，大家亲切地称这个家为“红楼”。

此时，吉鸿昌考虑更多的是如何重整旗鼓，武装抗日。根据党中央指示，吉鸿昌一面派人在白军中加紧策反工作，一面着手在家乡河南发动暴动，同时积极在各地发展人民武装自卫军组织。

面对国民党特务的暗杀，吉鸿昌临危不惧。一天夜里，吉鸿昌正在与反蒋抗日人士会谈，两个特务冲进房门，开枪射击，吉鸿昌身负枪伤，被法租界工部局交给了国民党。

在狱中，吉鸿昌积极宣传党的抗日救国主张和抗日民族统一战线政策，痛斥蒋介石卖国求荣的罪行。面对敌人的酷刑，他毫不畏惧，大义凛然。何应钦问他：“你为什么搞抗日活动？说出你们的秘密来。”吉鸿昌义正词严地答道：“抗日是四万万五千万中国人民的事情，有什么秘密？只有蒋介石跟你们祸国殃民，和日本暗中勾结，干些不明不白的勾当，才有秘密。”接着又说：“我要救国，蒋要卖国，我不得不为抗日而讨蒋。”当被问到“为何加入共党，危害民国”时，他坦然答道：“我摆脱了旧军阀的生活而转到为工人、为劳动群众、为全国国民、为全人类的正义进步而斗争的阵营里，我参加了为全世界历史上前所未有的伟大工程，这正是我的光荣……你们当政七年来，掀起了无数次的内战，酿成了空前水旱浩劫，断送了东北，断送了热河，又快要断送华北各地。你们的所作所为，哪一样不曾‘危害民国’？”

1934年11月24日是吉鸿昌殉难的日子。他在给妻子的遗嘱中写到：“夫今死矣，是为时代而牺牲。”据当时的天津《大公报》报道，最后时刻，吉鸿昌披上黑色斗篷，大步走上刑场，一路上“态度从容，谈笑自若”。在地上写完那首大义凛然的就义诗后，他厉声对刽子手说：“我为抗日而死，不能跪下挨枪，我死了也不能倒下！给我拿个椅子来，我得坐着死。”接着又说：“我为抗日死，死得光明正大，不能在背后挨枪。你在我眼前开枪，我要亲眼看到敌人的子弹是怎样打死我的。”当刽子手在吉鸿昌面前颤抖地举起枪时，他奋力高呼：“抗日万岁！”“中国共产党万岁！”

【赏析指导】

为了争取抗日战争的胜利，为了救国救民于危难之中，为了争取民族独立和人民解放，吉鸿昌义无反顾地献出了宝贵的生命。他的事迹感召当代大学生要自觉承担实现中华民族伟大复兴的重任，要自觉学习革命先辈们崇高的爱国主义精神，时刻将个人命运与祖国的命运和前途密切联系在一起，培养为国家和民族不惜牺牲一切的献身精神。

2. 科研赤子倾心为国

故事文本

科研赤子倾心为国

2005年12月，南京航空航天大学一位硕士研究生——胡铃心被评选为全国时代先锋，接受了新华社、人民日报、光明日报、经济日报、中央电视台等11家中央媒体的集中采访。他曾获得首届“中国青少年科技创新奖”、第八届“挑战杯”全国大学生课外学术科技作品竞赛特等奖、第四届“挑战杯”中国大学生创业计划竞赛金奖、第九届“挑战杯”全国大学生课外学术科技作品竞赛一等奖、“飞向未来——国际太空探索创新竞赛”第一名、第二届全国未来飞行器设计大赛专业组一等奖、中国航天50周年知识大赛一等奖、全国三好学生标兵、中国航空学会会员、中国航天科技集团一等奖学金、美国联合技术公司特别奖学金、江苏省高校优秀毕业等多项荣誉。2006年11月，经民主推荐和江苏省委选拔，胡铃心以高票当选江苏省十一次党代会代表，并成为那次大会江苏省最年轻的代表和唯一的学生代表。

他，从儿时立志航空报国

胡铃心从小就对航空航天表现出了浓厚的兴趣。那时候，每当听到头顶上有飞机飞过的声音，他都会一个劲儿地从屋里冲出去，看上很久，想上很久，然后就会暗自对自己说：“长大后，我也要设计飞机，设计出世界上最先进的飞机，让我的祖国更加强大。”在老师和家人的培养下，胡铃心的创新能力得到了提升，中学阶段，他有十多项发明作品在各级科技创新竞赛中获奖，其中有三项发明获得了国家实用新型专利，他因此被评为首届福建省小科学家、福建省三好学生。胡铃心还常利用课外时间大量阅读航空航天类书籍，高二时，他独立完成了一万多字的创新设计方案——“21世纪空天飞机展望”，荣获福建省首届创新设计大赛一等奖。对此，2001年的《南航报》作了报道：“胡铃心构想的空天飞机外形独特，各项指标也非常前卫。然而，令学习飞机设计的大学生及教授们折服的，不仅仅是他大胆的想象力，还有他在文章中使用的那些老道的专业术语，以及广博的知识面。他熟练运用这些新知识的程度，超过了一些在校的本科生甚至研究生。”胡铃心对航空的热爱也使得“飞豹”歼击轰炸机总设计师陈一坚院士对他欣赏有加，陈院士把签有自己名字的“飞豹”模型赠送给胡铃心，并勉励他不断进取。

他，从微型扑翼机开始聚焦蓝天

一年后，正是这篇设计方案打动了南京航空航天大学的老师，胡铃心作为自主招生受益者被南航破格录取。为此，《光明日报》曾在报纸显要位置连续刊登9篇系列报道《从“胡铃心现象”看自主招生改革》。胡铃心刚入学，南航就专门安排了资深的航空专家昂海松教授担任他的导师，并为他开放了大学生科技中心、创新实验室，提供了科技创新基金。胡铃心十分珍惜这难得的机遇，刚入校他就加入了大学生科技中心，并很快成为其中的骨干。

在那里，他和同学们一起钻研、一同探讨，掌握了很多科技创新的原理和方法，为以后的科研打下了良好的基础。

2002年，在昂海松教授的指导下，胡铃心和合作伙伴开始将研究目光大胆地投向了“微小型可控扑翼飞行器”。“微小型可控扑翼飞行器”是将当今航空领域研究的热点“微型飞行器”和难点“扑翼飞行器”相结合的产物，具有很好的机动性，当时这项研究在国外尚处于探索阶段。由于它涉及非定常涡动力学和MEMS技术等前沿领域，对本科生而言是一个巨大的挑战。胡铃心他们几乎将所有的课余时间都投入到“微小型可控扑翼飞行器”的研制中去，充分发挥创新思维，经历数百次试验，克服重重困难，通过一年半的努力，终于让我国自己的第一架“微小型可控扑翼飞行器”飞上了蓝天。2003年3月，胡铃心他们带着这件作品参加了被誉为“中国大学生科技奥林匹克”的第八届“挑战杯”全国大学生课外学术科技作品竞赛。

竞赛的终审答辩于2003年11月在华南理工大学举行，胡铃心以其扎实的理论功底和广阔的知识面，得到了十几位院士和专家评委的一致认可，“微小型可控扑翼飞行器”获得第八届“挑战杯”全国大学生课外学术科技作品竞赛最高奖——特等奖。比赛结束后，作为大赛特约嘉宾的“神五”飞船副总设计师郑松辉和胡铃心亲切交谈，并在胡铃心的参赛证背面写下了：“勇于追求，勇于探索”八个字。我国著名航空专家屠基达院士也对“微小型可控扑翼飞行器”给予了高度评价：“微小型可控扑翼飞行器是对航空学飞行新原理和新概念的探索，有着重要的科学技术价值。我感到胡铃心同学将会成长为一名航空技术的创造者。”

他，以无人直升机重返挑战赛场

2005年，在陆洋老师的指导下，胡铃心和合作伙伴带着另一项发明——“奇奇”新概念无人直升机重返“挑战杯”赛场。这是一种旋翼涵道风扇共轴创新布局的直升机，具有很好的悬停性能。但由于旋翼和涵道风扇之间存在着很强的耦合，胡铃心他们在研制过程中遇到了很大的困难。各种问题蜂拥而至。风扇叶片颤振问题，反扭矩配平问题，操纵机构间隙问题等技术难题层出不穷。

正如拿破仑所说，最困难之时，就是离成功不远之日。在困难面前，胡铃心他们没有放弃；郁闷之中，他们仍在努力。通过不断总结以往失败的教训，胡铃心和伙伴们将遇到的各种技术问题写下来、分了类，并进行了详尽地分析，提出系统的解决方案：例如通过借鉴固定翼飞机上的襟翼设计提高风扇的反扭配平能力，通过设计“4动4不动”的风扇叶片操纵方案减轻操纵系统的重量，提高可靠性。在度过了一个个不眠之夜，战胜了一次次疲惫之后，复杂又繁多的问题被逐一地解决了。在大家的共同努力下，经过上百次的试飞，桀骜不驯的“奇奇”总算被驯服了，新概念无人直升机终于飞了起来！

2005年11月，胡铃心他们带着“奇奇”来到决赛地点复旦大学。经过两天激烈的角逐，他们捧回了第九届“挑战杯”全国大学生课外学术科技作品竞赛一等奖的奖杯，并为南航赢得了全国高校团体总分第五名的历史最好成绩。

他，从迅杰团队开始涉足创业

在学习和课外科技活动之余，胡铃心也时常思考着一些问题，比如说如何能将高校校园里的科技成果转化为生产力。为此，2004年3月，胡铃心组建了南航“迅杰创业团队”并担任团队队长，将南航的“微波快速修复技术”科技成果推向市场。经过严谨的项目可行性分析、广泛的市场调研、科学的战略决策、睿智的营销策划、合理的财务预测，形成了充满创意、翔实可行的《迅杰微波修复科技有限责任公司》商业计划书。

经过大半年的努力，迅杰创业团队在一举夺得第四届南航大学生创业计划竞赛一等奖、第三届江苏省大学生创业计划竞赛金奖之后，成功入围第四届“挑战杯”全国大学生创业计划竞赛的决赛。2004年11月，在厦门大学经过激烈的决赛答辩，迅杰创业团队从中国276所高校603支创业团队中脱颖而出，荣获全国金奖，并且引起了——美国财富联合投资集团的浓厚兴趣，最终，这家世界著名投资财团与他们签订了投资意向书。

胡铃心说：“通过参加这次创业大赛，我们结交了许多创业伙伴，认识了风险投资家，提高了团队协作能力，也学会了如何在复杂的情况下迅速做出决定，并为决定的对错承担责任，这些都是我们不可多得的宝贵经验。”迅杰创业团队团结协助、众志成城，体现了胡铃心出色的组织才能和沟通协调能力。更为重要的是，胡铃心他们正以自己的实践努力探索着高校科技成果产业化的有效途径。

他，从国际航天竞赛开始为国争光

2005年3月，胡铃心作为队长组建了航天创新团队，参加了“飞向未来——国际太空探索创新竞赛”。该竞赛是美国海茵莱茵基金会开展的一项全球范围的航天竞赛活动。胡铃心的参赛作品是一种新概念的航天器，名叫“多面手太空线缆系统”，它综合利用空间中的多种能量，可以大幅度地降低航天器对化学燃料的依赖，从而明显地减少航天发射费用和轨道维持费用，并且具有产生人造重力和清除太空垃圾等独特功能。2005年7月，决赛在北京举行。胡铃心的作品和来自清华大学、中科大、上海交大等知名高校以及中科院等研究机构的众多一流作品同台竞技，面对博士、博士后等许多高水平的竞争对手，胡铃心毫不气馁。“多面手太空线缆系统”由于具有较强的创新性和研究深度，受到专家们的一致好评，最终以绝对优势获得了第一名。

在大赛的颁奖晚会上，美国海茵莱茵基金会负责人Dula先生激动地握着胡铃心的手说：“这是我见到的特别好的作品，中国小伙子了不起!”比赛后的一个月，胡铃心的获奖信息刊登在美国《星际报告》杂志上。2005年12月，应中央电视台的邀请，胡铃心和“神六”飞船副总设计师杨宏作为嘉宾参加了央视年终特别节目的录制，杨宏对胡铃心的作品给予了高度的评价：“多面手太空线缆系统很有创意，对未来航天器的发展有着很好的借鉴价值。”2006年5月，胡铃心应邀与“神六”英雄航天员费俊龙、聂海胜一起参加了海峡两岸城市青年创新论坛，和台湾同胞畅谈自主创新。

他，在感恩和奉献中升华自我

面对荣誉，胡铃心经常说：“虽然我取得了一些成绩，但是我知道，我必须更加清醒。因为在我所有的成绩背后，都饱含着党和国家的关爱，都凝聚着老师同学们的辛勤汗水。年少的我，应当时刻保持一颗谦虚、淡泊、感恩、奉献的心。”胡铃心是这样说，更是这样做的。他坚持用真诚对待每一个人，坚持尽他所能帮助身边的同学。胡铃心用获得的奖金购买了“数字示波器”捐赠给了他曾经学习工作过的南航大学生科技中心，表达了自己对母校的一片深情。2006年，胡铃心还从大赛奖金中拿出一万元捐助给贫困学生，帮助他们顺利完成学业。

“如果是鹰，必定要到蓝天翱翔。”胡铃心的目标在蔚蓝的天际，他用渐渐丰满的羽翼，在天空中留下一道亮丽的轨迹。

【赏析指导】

胡铃心从小立志报效祖国，他勤学成才、为国争光的事例激励着每一个学子将个人成才的理想与祖国的前途命运联系在一起，奋发图强以回报祖国；他谦虚淡泊、感恩奉献、扶贫救困的精神启迪我们要怀抱一颗对祖国、人民的感恩之心，以实际行动报效祖国，表达我们赤诚的爱国之情。

3. 邓中翰的“中国芯”与“中国心”

故事文本

邓中翰的“中国芯”与“中国心”

他是最年轻的中国工程院院士，他带领“海归”团队用了两年时间研制了中国第一枚完全拥有自主知识产权的百万门级超大规模数码图像处理芯片，终结了中国无“芯”的历史。他的团队又陆续推出新品，攻下苹果、三星、飞利浦、惠普、索尼、戴尔、联想等众多全球知名品牌，销售覆盖欧、美、日、韩及我国台湾地区等16个国家和地区，成功占领了计算机图像输入芯片市场60%的份额。他就是“星光中国芯工程”总指挥——邓中翰。“星光”系列数字多媒体芯片和“星光移动”手机多媒体芯片，使我国集成电路芯片第一次在全球PC图像输入和移动数字多媒体两大重要应用领域占有了一席之地。

从小的梦想是邓中翰努力的动力。就读于中国科技大学地球与空间物理系的邓中翰，并没有懈怠与满足，而是继续主动钻研科研课题。本科毕业时，他已经获得“挑战杯”二等奖，并在国际、国内权威科学报刊上发表了三篇文章。与此同时，23岁的邓中翰凭借优异成绩考取了美国加州大学伯克利分校，攻读物理学。在校期间，他对计算机产生了浓厚兴趣。经过争取，邓中翰获得了攻读电子工程专业的机会。

同时攻读两个专业，邓中翰每天忙得不亦乐乎。一次和导师去日本出差的偶然机会，使他对经济管理学又产生了兴趣，他决定毕业后要走出一条科技创新之路。于是，邓中翰开始了三个专业的课程攻读，虽然每天的课业繁重，但他总是坚持学习到凌晨两三点。当他回顾自己这段不平凡的求学生涯时，他说：“回顾我的学生时代，我觉得科学家的梦想、强烈的求知欲、勤奋以及独立思考为我提供了奋斗的源动力，帮助我克服学习中的困难，并坚持下去，也为将来打下了一个比较良好的基础。”

毕业时，邓中翰拿到了电子工程学博士、经济管理学硕士和物理学硕士三个学位，是该校建校130年来第一位横跨理、工、商三学科的学生。毕业后，邓中翰在美国Sun公司参与UltraSPARC中央处理器工程。后来又进入IBM公司华生研究中心工作。他利用硅谷的风险投资基金，建立起自己的第一个公司——集成电路公司Pixim，并在很短时间内将公司市值做到了1.5亿美元。

30岁时，邓中翰的人生出现了一个不平凡的记忆。那年正值新中国成立50周年大庆，他受邀登上天安门广场观礼台，看到了伟大祖国多年来现代化建设的成果。那一刻，他心情激动地想道：“多年受国家的培养，也是国家的改革开放政策给了自己出国学习和发展的机会，可是还没有为国家贡献什么。现在国家把我当成一个留学青年代表，给予这么高的礼遇，让我站在观礼台上，我心里有一种惭愧。”于是，邓中翰誓言要推动祖国的芯片产业。1999年10月14日，也就是参加国庆观礼后不到半个月的时间，中星微电子公司在北京中关村的一间仓库里诞生了。

2001年邓中翰和他的团队推出中国第一枚拥有自主知识产权的百万门级超大规模专用芯片“星光一号”；星光二号、三号、四号、五号随之相继问世；2005年，“星光中国芯”荣获2004年度国家科学技术进步一等奖，同时中星微电子公司也在美国纳斯达克成功上市，而邓中翰本人则先后获得了“全国劳动模范”、“中国青年五四奖章”等称号，2006年又获评“中国十大杰出青年”。

40岁时，邓中翰当选为中国工程院最年轻的院士。这一路走来，他感谢自己做了正确的选择：“如果我在硅谷，再做十年芯片，还是美国的。回到国内，我们做的好几亿芯片都是我们中国的。我们申请了两千三百多项专利，八大核心技术，过亿枚的销量，在PC图像输入多媒体芯片、移动数字多媒体芯片这两大重要应用领域全球领先，建立了安全监控国家标准……这都是中国的，不是美国的。这也是我们的团队的一个梦想，我们为国家的信息化振兴和腾飞做出自己的贡献和努力，让‘中国芯’在世界的星空下闪闪发光。”

面对成功的过往，邓中翰说：“在人生的不同阶段，我经历了学习、科研和创业。现在很多人有一个认识：学习成绩优异的人，工作能力未必很突出。我觉得这是因为学习和工作属于不同领域，会对人提出不同的要求。同样，学习、科研和创业对素质的要求也是各有差异：学习要求对知识有较强的悟性和吸收力；科研则要求‘不走寻常路’的特别的科研视角以及对科学纵深领域的坚韧；创业则需要企业家的远见和领导力。虽然对素质的要求各有差别，但也有一些共通的地方。例如做任何事情时，都要敢于面对挑战，并全身心地投入进去；例如在遇到困难时，要坚持自己的理想等。可能就是我身上那种不服输的精神以及对于国家的使命感，帮助我在不同阶段，克服各种苦难，坚持理想，发挥自己的潜力。”

【赏析指导】

邓中翰放弃在美国蒸蒸日上的事业而选择回国创业，使中国在一个从前一直没有发言权但却极为重要的领域——芯片开发领域，拥有了话语权。他的故事体现了一颗热爱祖国的赤子之心。在中华民族伟大复兴的征程上，大学生首先要有对国家和民族的使命感、对创新孜孜不倦的追求；同时，也要有广博的知识和国际化的视野。同学们要努力把爱国之志转化为报国之力，珍惜时光、勤奋学习、练就本领、报效祖国。

（二）经典影视和歌曲鉴赏

1. 经典歌曲：《我的中国心》

【歌曲文本】

我的中国心

河山只在我梦萦，
祖国已多年未亲近，
可是不管怎样，
也改变不了我的中国心。
洋装虽然穿在身，
我心依然是中国心，

我的祖先早已把我的一切烙上中国印。
长江、长城、黄山、黄河，
在我心中重千斤，
无论何时，
无论何地，
心中一样亲。
流在心里的血，
澎湃着中华的声音，
就算身在他乡也改变不了，
我的中国心。

【赏析指导】

这首歌洋溢着爱国的激情，体现了人民群众对祖国的深厚感情。我们应该热爱祖国的大好河山、热爱自己的骨肉同胞、热爱祖国的灿烂文化、热爱自己的祖国。

2. 影视鉴赏:《钱学森》

【视频简介】本视频节选自人物传记电影《钱学森》，这部电影再现了中国导弹之父、两弹一星功勋钱学森放弃美国优厚的物质生活条件和科研条件，历经曲折，终于归国、报效祖国的感人故事。由于钱学森回国效力，中国导弹、原子弹的发射向前推进了至少20年。

节选视频重现了这一情节：当中华人民共和国宣告诞生的消息传到美国后，钱学森和夫人蒋英按捺不住内心的喜悦，商量着早日赶回祖国。美国当局为了阻止他回到中国，对他实施了一系列的政治迫害，甚至将他囚禁在特米那岛上，但这接踵而至的威胁并未使他屈服，反而更坚定了其归国之心。

【赏析指导】

钱学森曾说：“我的事业在中国，我的成就在中国，我的归宿在中国。”在他心里，国为重，家为轻；科学重，名利轻。“五年归国路，十年两弹成。”钱学森是知识的宝藏，是科学的旗帜，他以毕生所学改变了祖国的科技命运，是中华民族知识分子的典范。他不仅以自己严谨和勤奋的科学态度在航天领域为人类的进步做出卓越的贡献，更以淡泊名利、报效祖国的爱国之心诠释了一个科学家的崇高品格。

（三）经典著作研读

1. 经典著作:《少年中国说》

【著作文本】

少年中国说（节选）

梁启超

日本人之称我中国也，一则曰老大帝国，再则曰老大帝国。是语也，盖袭译欧西人之言也。呜呼！我中国其果老大矣乎？梁启超曰：恶是何言，是何言！吾心目中有一少年中国在。

欲言国之老少，请先言人之老少。老年人常思既往，少年人常思将来。惟思既往也故生留恋心；惟思将来也故生希望心。惟留恋也故保守；惟希望也故进取。惟保守也故永旧；

惟进取也故日新。惟思既往也，事事皆其所已经者，故惟知照例。惟思将来也，事事皆其所未经者，故常敢破格。老年人常多忧虑，少年人常好行乐。惟多忧也故灰心；惟行乐也故盛气。惟灰心也故怯懦；惟盛气也故豪壮。惟怯懦也故苟且；惟豪壮也故冒险。惟苟且也故能灭世界；惟冒险也故能造世界。老年人常厌事，少年人常喜事。惟厌事也，故常觉一切事无可为者；惟好事也，故常觉一切事无不可为者。老年人如夕照，少年人如朝阳。老年人如瘠牛，少年人如乳虎。老年人如僧，少年人如侠。老年人如字典，少年人如戏文。老年人如鸦片烟，少年人如泼兰地酒。老年人如别行星之陨石，少年人如大洋海之珊瑚岛。老年人如埃及沙漠之金字塔，少年人如西伯利亚之铁路。老年人如秋后之柳，少年人如春前之草。老年人如死海之潴为泽，少年人如长江之初发源。此老年与少年性格不同之大略也。任公曰：人固有之，国亦宜然。

……

造成今日之老大中国者，则中国老朽之冤业也；制出将来之少年中国者，则中国少年之责任也。彼老朽者何足道？彼与此之世界作别之日不远矣。而我少年乃新来而与世界为缘。如僦屋者然，彼明日将迁居他方，而我今日始入此室处。将迁居者，不爱护其窗栊，不洁制其庭庑，俗人恒情，亦何足怪。若少年者前程浩浩，后顾茫茫，中国而为牛为马为奴为隶，则烹脔鞭箠之惨酷，惟我少年当之。中国如称霸宇内主盟地球，则指挥顾盼之尊荣，惟我少年享之，于彼气息奄奄与鬼为伶者何与焉？彼而漠然置之，犹可言也，我而漠然置之，不可言也。使举国之少年而亦为老大也，则吾中国为未来之国，其进步未可量也。使举国之少年而亦为老大也，则吾中国为过去之国，其澌亡可翘足而待也。故今日之责任，不在他人，而全在我少年。少年智则国智，少年富则国富，少年强则国强，少年独立则国独立，少年自由则国自由，少年进步则国进步，少年胜于欧洲，则国胜于欧洲，少年雄于地球，则国雄于地球。红日初升，其道大光。河出伏流，一泻汪洋。潜龙腾渊，鳞爪飞扬。乳虎啸谷，百兽震惶。鹰隼试翼，风尘吸张。奇花初胎，矞矞皇皇。干将发硎，有作其芒。天戴其苍，地履其黄。纵有千古，横有八荒。前途似海，来日方长。美哉我少年中国，与天不老；壮哉我中国少年，与国无疆。

【研读指导】

本文作于光绪二十六年（1900 年），梁启超从驳斥日本和西方列强污蔑我国为“老大帝国”入手，说明中国是一个正在成长的少年中国，而创建国富民强之中国的责任在于中国少年！时代呼唤人才，中国的希望在于青年。当代大学生肩负着实现中华民族伟大复兴的重任，更需日日进取、日日更新，确立为国家和民族奋斗的远大志向，努力成长为对国家和人民有所贡献的人才。

2. 经典著作：祖国啊，我亲爱的祖国

【著作文本】

祖国啊，我亲爱的祖国

舒婷

我是你河边上破旧的老水车
数百年来纺着疲惫的歌；
我是你额上熏黑的矿灯，

照你在历史的隧洞里蜗行摸索；
我是干瘪的稻穗；是失修的路基；
是淤滩上的驳船
把纤绳深深
勒进你的肩膊；
—— 祖国啊！

我是贫困，
我是悲哀。
我是你祖祖辈辈
痛苦的希望啊，
是“飞天”袖间
千百年来未落到地面的花朵，
—— 祖国啊！

我是你簇新的理想，
刚从神话的蛛网里挣脱；
我是你雪被下古莲的胚芽；
我是你挂着眼泪的笑涡；
我是新刷出的雪白的起跑线；
是绯红的黎明
正在喷薄，
—— 祖国啊！

我是你十亿分之一，
是你九百六十万平方的总和；
你以伤痕累累的乳房
喂养了
迷惘的我，深思的我，沸腾的我；
那就从我的血肉之躯上
去取得
你的富饶、你的荣光、你的自由；
—— 祖国啊，
我亲爱的祖国！

【研读指导】

这是一首深情的爱国之歌，诗中交融着深沉的历史感与强烈的时代感，涌动着渴望祖国摆脱贫困、挣脱束缚、走向新生的激情，读来荡气回肠。舒婷把祖国比拟为伤痕累累的母亲，以赤子之心向母亲倾诉内心的痛苦，表达为祖国的未来而献身的拳拳热情和决心。

3. 经典著作：华罗庚致中国全体留美学生的公开信

【著作文本】

致中国全体留美学生的公开信

华罗庚

朋友们：

道别，我先诸位而回去了。我有千言万语，但愧无生花之笔来一一地表达出来。但我敢说，这信中充满着真挚的感情，一字一句都是由衷心吐出来的。

坦白地说，这信中所说的是我这一年来思想战斗的结果。讲到决心归国的理由，有些是独自冷静思索的果实，有些是和朋友们谈话和通信所得的结论。朋友们，如果你们有同样的苦闷，这封信可以做你们决策的参考；如果你们还没有这种感觉，也请细读一遍，由此可以知道这种苦闷的发生，不是偶然的。

让我先从大处说起。现在的世界很明显地分为两个营垒：一个是为大众谋福利的，另一个是专为少数的统治阶级打算利益的。前者是站在正义方面，有真理根据的；后者是充满着矛盾的。一面是与被压迫民族为朋友的，另一面是把所谓"文明"建筑在不幸者身上的。所以凡是世界上的公民都应当有所抉择：为人类的幸福，应当抉择在真理的光明的一面，应当选择在为多数人利益的一面。

朋友们！如果细细地想一想，我们身受过移民律的限制，肤色的歧视，哪一件不是替我们规定了一个圈子。当然，有些所谓"杰出"的个人，已经跳出了这圈子，已经得到特别"恩典"，"准许""归化"了的，但如果扪心一想，我们的同胞们都在被人欺凌，被人歧视，如因个人的被"赏识"，便沾沾沾自喜，这是何种心肝！同时，很老实的说吧，现在他们正想利用这些"人杰"。

也许有人要说，他们的社会有"民主"和"自由"，这是我们所应当爱好的。但我说诸位，不要被"字面"迷惑了，当然被字面迷惑也不是从今日开始。

我们细细想想资本家握有一切的工具——无线电、报纸、杂志、电影，他说一句话的力量当然不是我们一句话所可以比拟的；等于在人家锣鼓喧天的场合下，我们在古琴独奏。固然我们都有"自由"，但我敢断言，在手酸弦断之下，人家再也不会听到你古琴的妙音。在经济不平等的情况下，谈"民主"是自欺欺人；谈"自由"是自找枷锁。人类的真自由、真民主，仅可能在真平等中得之；没有平等的社会的所谓"自由"、"民主"，仅仅是统治阶级的工具。

我们再来细心分析一下：我们怎样出国的？也许以为当然靠了自己的聪明和努力，才能考试获选出国的，靠了自己的本领和技能，才可能在这儿立足的。因此，也许可以得到一个结论：我们在这儿的享受，是我们自己的本领，我们这儿的地位，是我们自己的努力。但据我看来，这是并不尽然的，何以故？谁给我们的特殊学习机会，而使得我们大学毕业？谁给我们所必需的外汇，因之可以出国学习。还不是我们胼手胝足的同胞吗？还不是我们千辛万苦的父母吗？受了同胞们的血汗栽培，成为人材之后，不为他们服务，这如何可以谓之公平？如何可以谓之合理？朋友们，我们不能过河拆桥，我们应当认清：我们既然得到了优越的权利，我们就应当尽我们应尽的义务，尤其是聪明能干的朋友们，我们应当负担起中华人民共和国空前巨大的人民的任务！

现在再让我们看看新生的祖国，怎样在伟大胜利基础上继续迈进！今年元旦新华社的

《新年献词》告诉我们说：

“一九四九年，是中国人民解放战争获得伟大胜利和中华人民共和国宣告诞生的一年。这一年，我们击破了中外反动派的和平攻势，扫清了中国大陆上的国民党匪帮……，解放了全国百分之九十以上的人口，赢得了战争的基本胜利。这一年，全国民主力量的代表人物举行了人民政治协商会议，通过了国家根本大法共同纲领，成立了中央人民政府。这个政府不但受到全国人民的普遍拥护，而且受到了全世界反帝国主义阵营的普遍欢迎。苏联和各人民民主国家都迅速和我国建立平等友好的邦交。这一年，我们解放了和管理了全国的大城市和广大乡村，在这些地方迅速地建立了初步的革命秩序，镇压了反革命活动，并初步地发动和组织了劳动群众。在许多城市中已经召集了各界人民代表会议。在许多乡村中，已经肃清了土匪，推行了合理负担政策，展开了减租减息和反恶霸运动。这一年，我们克服了敌人破坏封锁和严重的旱灾、水灾所加给我们的困难。在财政收支不平衡的条件下，尽可能地进行了恢复生产和交通的工作，并已得到了相当成绩。”

“中国是在迅速的进步着，（一九四九）年的胜利，比一年前人们所预料的要大得多，快得多。在（一九五〇）年，我们有了比（一九四九）年好得多的条件，因此我们所将要得到的成绩，也会比我们现在所预料的更大些、更快些。当武装的敌人在全中国的土地上被肃清以后，当全中国人民的觉悟性和组织性普遍地提高起来以后，我们的国家就将逐步地脱离长期战争所造成的严重困难，并逐步走上幸福的境地了。”

朋友们！“梁园虽好，非久居之乡”，归去来兮！

但也许有朋友说：“我年纪还轻，不妨在此稍待。”但我说：“这也不必。”朋友们，我们都在有为之年，如果我们迟早要回去，何不早回去，把我们的精力都用之于有用之所呢？

总之，为了抉择真理，我们应当回去；为了国家民族，我们应当回去；为了为人民服务，我们也应当回去；就是为了个人出路，也应当早日回去，建立我们工作的基础，为我们伟大祖国的建设和发展而奋斗！

朋友们！语重心长，今年在我们北京见面吧！

一九五〇年二月归国途中

【研读指导】

科学无国界，但科学家有自己的祖国！祖国不是一个抽象的名词和概念，而是我们脚下这块哺育了世代炎黄子孙的广袤土地，爱国是一种对祖国发自肺腑的炽热情感。华罗庚自学成才，毅然放弃了国外优厚的生活待遇和科研条件，回到祖国，以毕生所学回报祖国，他崇高的爱国情操和献身科学的坚定信念感染着我们。当代大学生应以满腔热忱去热爱祖国，以无私奉献去回报祖国，为祖国的繁荣富强不懈奋斗，爱我中华、兴我中华、振我国威！

三、主题活动

本章通过开展爱国主义教育系列主题活动：演讲、辩论、朗诵、征文等各类比赛，引领青年学生了解历史、了解国情、了解中华民族伟大复兴之路上的机遇和挑战、了解爱国主义的时代特征。通过各种实践活动培养大学生弘扬以爱国主义为核心的团结统一、爱好和平、勤劳勇敢、自强不息的伟大民族精神和以改革创新为核心的时代精神。以下有一些与爱国主义主题相关的演讲、辩论、朗诵、征文的推荐题目，供各班、院系和学校开展相关活动参考。

（一）主题演讲比赛

1. 推荐主题

“中华魂”、“祖国在我心中”、“忆苦思甜，感恩祖国”、“历史永在我心”。

2. 主题范例

（1）主题说明：以“祖国在我心中”为主题举办演讲比赛。回顾新中国创建以来的辉煌历史征程，热情讴歌中国人民团结奋斗所取得的巨大成就。紧密联系自身学习和生活实际，抒写热爱家乡、奉献社会的真挚情怀；展现当代大学生热爱祖国、热爱家乡、自强不息、报效祖国的精神风貌。

（2）演讲稿范例：

祖国在我心中

尊敬的各位来宾，亲爱的朋友们：

大家好！我今天演讲的题目是：“祖国在我心中”。

我们伟大的祖国，纵横华夏神州的九百六十万平方公里的土地上，交织着起伏的山脉、延绵的河流，河山信美，当以热血卫之。回顾古往今来的历史长河，有多少仁人志士为了保卫华夏神州，在战火与烽烟中踯躅前进、鞠躬尽瘁、前仆后继、不断探索。

同学们，翻开我们民族的史册吧，一声声如雷贯耳的爱国颂歌还余音绕梁、振聋发聩。《左传》的简牍上墨迹未干：“临患不忘国！”；浪迹天涯的李白游吟途中仍在深情徊唱：“国耻未雪，何由成名？”；虎门销烟升腾的烟雾驱不散大清浑浊的天空，林则徐面对江河日下的祖国，发出了“苟利国家生死以，岂因祸福避趋之？”的扣问。在中华民族救亡图存的近代史上，鲁迅的檄文中闪烁着“我以我血荐轩辕”的光芒；秋瑾说：“祖国陆沉人有责，天涯飘泊我无家。”改革开放的伟大工程师邓小平说：“我是中国人民的儿子，我深深地爱着我们的祖国和人民。”……

历史的烽烟里，多少前辈先贤用他们可歌可泣的故事保家卫国。南宋民族英雄文天祥，兵败被俘，多次严辞拒绝了敌人的劝降。他面向南方慷慨就义，用热血为千秋万代留下了一首震撼人心的《正气歌》。

革命家陈天华，在日本留学时，听说沙俄军队侵占满洲，腐败无能的清政府要同沙俄私订丧权辱国条约的消息后，他悲愤欲绝，立即在留学生中召开拒俄大会，组织拒俄义勇军，准备回国参战。回到宿舍后，他毅然咬破自己手指，写下了多达几十张的救国血书，中因流血过多而晕倒，可他嘴里还在不停地呐喊着：“救国！救国！”

抗日英雄杨靖宇曾担任“南满抗日联军”司令，带领部队在白山黑水、林海雪原中艰苦征战、抗击日寇。当他所属的部队被日军重重包围时，他仍然拒绝投降，他斩钉截铁地说：“不，我有我的信念。”杨靖宇在打完最后一颗子弹后壮烈牺牲。残酷的日寇用刺刀剖开他的肚子，却发现肚里没有一粒米，有的只是树皮、草根和棉絮……

1946年，美国某大学以优厚的条件聘请著名数学家华罗庚为终身教授。但他回答说：“为了国家民族，我要回国去！”华罗庚历经千辛万苦，带着妻儿回到了北京。回国后，他辛劳致力于科学研究，并用数学解决了大量生产中的实际问题，被誉为“人民的数学家”。著名地质学家李四光、生物学家童第周、核物理学家钱学森、高能物理学家张文裕、化学家唐敖庆……他们个个都满怀爱国之志，为中华民族的复兴作出了巨大贡献。

同学们，天下兴亡，匹夫有责。祖国的未来，民族的复兴，重任将由在座的你我来肩负。我们与祖国共命运，我们与祖国同呼吸，我们与祖国休戚相关。我们热爱祖国，热爱脚下的这片热土，热爱头顶的白云蓝天，我们更爱历经沧桑、容颜不改的祖国母亲啊，让我们共同奋斗，开创祖国的美好明天！

谢谢大家！

（3）策划方案：（范例见附录）

（二）主题辩论比赛

1. 辩题推荐

正方：爱国就是要摈弃外来文化。　反方：爱国更需引进外来文化。

正方：理想应首先立足自身。　反方：理想应首先立足国家。

2. 主题范例

（1）主题说明：以“怎样才是真正的爱国”为主题进行辩论比赛。正方观点为：爱国需要理性；反方观点为：爱国需要激情。辩论双方围绕辩题列举论据说明怎样的行为才是真正的爱国。

（2）策划方案：（范例见附录）

（三）主题朗诵比赛

1. 推荐主题

“我爱祖国我爱家”、“神州颂”、“中华颂”、“立报国志、成栋梁材”。

2. 主题范例

（1）主题说明：以“中华颂”为主题展开爱国主义朗诵比赛。朗诵作品以弘扬传统文化、歌颂伟大祖国、彰显爱国情怀为主旋律，展现当代大学生的风采，激发大学生的爱国热情。要求内容健康，积极向上，切合主题，可原创。

（2）策划方案：（范例见附录）

（四）主题征文比赛

1. 推荐主题

“爱国 爱校 爱家”、“心怀爱国情，长存感恩心”、“青春与祖国同行”。

2. 主题范例

（1）主题说明：以“青春与祖国同行”为主题举办征文大赛。紧紧围绕“青春与祖国同行”这一主题，浓墨重彩地描绘新中国的光辉历程和取得的伟大成就，反映新中国成立以来国家或校园的变化，抒发热爱祖国、热爱家乡，建设美丽校园的殷切之情。可以针对新中国成立以来的历史变迁，结合改革开放以来的伟大成就，就家乡或者身边的人、事、物有感而发，讴歌祖国的新变化、新发展、新成就。可以从亲身经历出发，以具体的细节、独特的感受，讲述新中国成立以来我们记忆中的国庆节那一天的感人故事、难忘瞬间等。可以将国家的变化与我校的历史、现状与未来结合起来，谈谈你对新时期爱国主义的理解和对祖国前景的展望。

（2）征文范例：

青春与祖国同行

我的祖国幅员辽阔，拥有九百六十万平方公里的广阔土地；我的祖国民族众多，各民族生生不息、和谐共处；我的祖国历史悠久、文化繁荣；我的祖国河山壮美、地大物博；我的祖国如一条冉冉升腾的东方巨龙，穿越悠久的历史长河，俯瞰着华夏神州。祖国啊，在您的华诞来临之际，我衷心地祝愿您，拥有更辉煌的明天！

时光斗转，回溯到六十二年前的国庆日。在那个举国欢腾的日子里，毛主席用洪亮的声音向全世界骄傲地宣告：东方巨龙已经苏醒，中华民族将迎来伟大的复兴！从此，在这片华夏大地上生息繁衍的炎黄子孙们拥有了一个共同的梦想：祖国啊，腾飞吧！天安门广场上冉冉升起的五星红旗象征着一个国家的尊严、一个民族的凝重，在历史烽火中前仆后继的中华儿女啊，那面旗帜里刻入了多少英烈的誓言与爱国壮举。

历经沧桑的祖国母亲，经过战火的洗礼，露出了她依然美丽而坚定的容颜。历史不会忘记祖国走过的足迹：列强的炮火轰不垮中国人坚毅的脊梁、抗战血与火的洗礼让祖国更显坚强。从漆黑中探索，在漫长里前驱，那些遥远而临近的历史仿佛历历在目。也许，历史总会远去，但今天的我们更应铭记那些让人热血沸腾的曾经，不忘先烈们为保家卫国前仆后继，不忘战火为历史留下永远的印记，不忘祖国在伟大复兴之路上经历的每一步风雨，不忘我们还肩负振兴祖国的重任与使命！

当国歌第一次奏响，当五星红旗第一次飘扬，我仿佛看见祖国母亲，那经历风雨的容颜上，露出了欣慰的笑靥，那是经历漫长等待终于拨云见日的幸福啊，那是眺望美好未来心潮无限澎湃的激动！

六十二年的风雨，铸就祖国坚强的身躯、不屈的脊梁。与中华民族五千年的璀璨文明相比，六十二年那样短暂；可这承载着民族血泪与艰辛的历史，又是如此的厚重。从中华人民共和国成立到改革开放的春风吹满祖国大地，再到建设社会主义新中国的伟大征程，一切足迹显得那样不平凡！中华民族以最浑厚的声音在东方天空发出高亢的呐喊。

当神七一飞冲天，每个华夏儿女的心也随之一跃而起，在浩瀚蓝天自由翱翔。在茫茫宇宙之中，中国宇航员高举的五星红旗，实现了飞天的梦想。雪灾封锁了山岭和道路，却锁不住中华儿女团结的心；地震的裂痕可以撕裂大地和山谷，可以摧毁房屋和桥梁，但却打不垮中华儿女众志成城、抗震救灾的顽强，一方有难八方支援，全国上下用爱心为灾区托起了一片天空；第29届奥运会的成功举办，向世界昭示了中国的国富民强，每个中华儿女都为祖国的强盛而骄傲自豪……这一个个动人的瞬间，都刻进了我们的青春记忆里，我们与祖国同呼吸、共成长！

我与我深爱的祖国，一刻也不能分割。祖国啊，你哺育了我们；而我们必将终其一生来予以回报。我们血脉相连、我们永不分离。为了祖国的繁荣与腾飞，我们将亲手用汗水书写下最美的蓝图与篇章。肩负着振兴祖国的重任，我们歌唱，我们憧憬，我们期待着实现东方巨龙腾飞的梦想！让青春与祖国同行吧，祖国，我们将共同创造属于您的辉煌！

（3）策划方案：（范例见附录）

（五）主题班会和团日活动

1．推荐主题

主题班会：时代楷模情景剧表演。团日活动：参观爱国主义教育基地。

2. 主题范例

主题班会：时代楷模情景剧表演

（1）课前准备。

① 确立班会主题，召开全班商讨会，选出班会筹备小组，研究具体环节。

② 确定讨论内容和节目内容，并挑选出主持人。

③ 主持人写串联词，学生配合制作多媒体课件。

④ 全班成员分组，以 5~6 人为一小组，每组自行确定情景剧表演的内容，并报给班会筹备小组。

（2）活动程序。

① 全体起立，奏国歌。

② 男女主持人宣布活动开始。

③ 以 PPT 展示新中国成立以来，我国在各个领域取得的日新月异的发展和进步。以祖国的巨大变化激发全体成员的民族自豪感。

④ 情景剧表演：由各小组代表扮演董存瑞、黄继光、邱少云等革命烈士以及和平年代的楷模：雷锋、赖宁、王进喜等先进人物，以生动再现先进人物的事迹来感召全体成员。

⑤ 全体大合唱《我和我的祖国》。

⑥ 班主任老师作班会总结，并提出问题，请全班成员思考。爱国在不同的时代有不同的内容，从反帝反封建的爱国浪潮到抗日救国的斗争，再到抗美援朝、保家卫国；而今，我们处在和平年代，祖国又正日益强盛起来，我们该怎样表现爱国热情呢？

⑦ 主持人宣布主题班会结束。

四、学习交流

通过本章团体素质拓展训练，进一步了解历史、了解国情；通过聆听先进人物事迹报告，学习时代楷模热爱祖国、为民服务、勤劳勇敢、艰苦奋斗、无私奉献的崇高精神；通过本章小组和班级学习交流，切实感悟以爱国主义为核心的中华民族精神和以改革开放为核心的时代精神，并在问卷调查和收集资料的过程中进一步提高信息检索能力、资料查阅能力、调查调研能力。

（一）团体素质拓展训练

1. 推荐项目

“爱国知识竞答”、“介绍家乡之最”。

2. 项目范例

“爱国知识竞答”活动方案

训练目的：通过知识竞答的方式回顾中华民族伟大复兴道路上的风雨征程，以激发大学生的爱国热情，领悟为中华之崛起而读书的重大意义，牢记肩负中华民族伟大复兴的历史使命。

训练方式：知识竞答。

表 2-1 “爱国知识竞答”团训详解

<table>
<tr><td>人数</td><td>全班</td><td>时间</td><td>2 小时</td><td>场地</td><td>校园内</td></tr>
<tr><td>用具</td><td colspan="5">投影仪、话筒等</td></tr>
<tr><td colspan="6">团训步骤及详解</td></tr>
<tr><td colspan="3">（1）讲解
辅导员将全班学生集合起来，介绍拓展训练的目标和意义
（2）分组
辅导员将全班学生分为 4 组进行竞答</td><td colspan="3">操作详解：学生按分组分成 4 个纵队，进行竞答准备</td></tr>
<tr><td colspan="3">（3）竞答
第一轮竞赛题以“勿忘国耻”为主题竞答
小插曲：被淘汰一组合唱爱国主义歌曲一首
第二轮竞赛题以“爱国纪念日”为主题竞答
小插曲：被淘汰一组朗诵爱国主义诗歌一首
第三轮竞赛题以“爱国名人”为主题，题目数量为 35 题，获胜小组夺冠
（4）合唱
在辅导员带领下，全体参训学员齐唱手语歌《我的祖国》</td><td colspan="3">操作详解：题目数量为 20 题，淘汰得分最低的一组</td></tr>
</table>

（二）精品报告

1. *推荐报告：杨善洲先进事迹报告*

（1）报告人：蓝天，云南省保山县电视台记者，曾多次采访杨善洲先进事迹。

（2）报告简介：2011 年全国道德模范候选人，2011 年感动中国人物获奖者——原保山地委书记杨善洲，两袖清风，清廉履职，忘我工作，一心为民。为了兑现自己当初“为当地群众做一点实事，不要任何报酬”的承诺，退休后，他主动放弃进省城安享晚年的机会，扎根大亮山，义务植树造林，一干就是 22 年，建成面积 5.6 万亩，价值 3 亿元的林场，并将林场无偿上缴给国家。云南省保山县电视台记者蓝天在杨善洲先进事迹报告会上，以她的采访经历讲述了杨善洲的感人事迹。

2. *推荐报告：郭明义先进事迹报告*

（1）报告人：郭明义。

（2）报告简介：2010 年感动中国人物郭明义，一位普通的鞍钢工人，曾先后获部队学雷锋标兵、鞍钢劳动模范、鞍山市特等劳动模范、全国无偿献血奉献奖金奖、中央企业优秀共产党员、全国“五一劳动奖章”等荣誉称号，是鞍山市无偿献血形象代言人。2012 年 3 月 2 日，中央精神文明建设指导委员会授予郭明义同志“当代雷锋”荣誉称号。入党 30 年来，他时时处处发挥先锋模范作用，在每个工作岗位上都取得了突出的业绩。从 1996 年开始担任采场公路管理员以来，他每天都提前 2 个小时上班，15 年中累计献工 15000 多小时，相当于多干了五年的工作量。1990 年以来，他坚持 20 年无偿献血，累计献血 6 万毫升，相当于自身总血量的 10 倍。1994 年以来，他为希望工程、身边工友和灾区群众捐款 12 万元，先后资助了 180 多名特困生，而他家中却几乎一贫如洗。一家 3 口人至今还住在鞍山市千山区齐大山镇，一个 20 世纪 80 年代中期所建的、不到 40 平方米的单间里。2006 年以来，他 8 次发起捐献造血干细胞的倡议，有 1700 多名矿业职工参与；其中，齐大山铁矿汽运作业区大型生产汽车司机许平鑫同志与武汉的一名白血病患者配型成功，成为全国第 1066 例、鞍山市第 5 例成功捐献者。2007 年以来，他 7 次发起无偿献血的倡议，共有 600 多名矿业职工参与，累计献血 15 万毫升。2008 年以来，他发起的希望工程捐资助学活动，已有 2800 多名矿业职工参与，资助特困生 1000 多名，捐款近 40 万元。2009 年以来，他发起成立的遗体（器官）捐献志愿者俱乐部，已有 200 多名矿业职工和社会人士参与，是目前国内参与人数最多的遗体（器官）捐献志愿者俱乐部。郭明义在报告中说："30 年来，我经历了很多，但我的信念一直很明确：一个共产党员，要为党、为国家、为人民的事业奉献自己的一切，这是天经地义的，不需要任何理由！""接触不同的社会群体，就会有不同的人生思考。我经常接触孤儿院的孤儿、上不起学的孩子、生活困难的职工，和他们相比，我就感觉自己非常富足，我就非常想去帮助他们。""雷锋的道路就是我的人生选择，雷锋的境界就是我的人生追求"。

（三）小组和班级学习交流

1. "大学生爱国主义精神现状调查"交流讨论

以小组为单位，调查身边同学的爱国主义精神现状，并进行交流讨论。各小组分别制作调查问卷，收集问卷后进行归纳总结，并采用 PPT 方式，与各组同学进行交流汇报和讨论。分析产生问题的原因，并提出合理的解决方案。

2. 爱国楷模事迹交流讨论

以小组为单位，收集整理历代爱国楷模的生平事迹，学习他们热爱祖国、忧国忧民的高尚情操，学习时代楷模勇于创新、自强不息的创业精神，将收集整理的资料制作成 PPT，撰写相关心得体会，并在交流讨论中进行汇报。

第三章　职业生涯的规划

人生道路虽然漫长，但紧要处往往只有几步。从大学的象牙塔走向社会的职场就是尤为关键的一步转折。大学生要在日益激烈的就业竞争中脱颖而出，就必须设计好自己的职业生涯规划。学习本章知识，同学们要从以下几个方面认真思考：如何认识自己并合理定位？如何找到适合自己的职业目标？如何将自己从学生成功转变为职业人，并与自己的切身实际相结合，通过开展各种拓展训练活动，规划好职业生涯、树立好职业意识、塑造好职业道德、培养好职业能力，积极地为未来职业和职位的需求储备知识和能力，为成功走上职场并获得长远发展做好扎实的准备工作？

一、领悟箴言

对待未来，不同的人有不同的做法。有的人毫无目标、浑浑噩噩，看不到前进的方向；有的人树立目标、披荆斩棘，一步一个脚印去实现成功的梦想。没有理想就没有方向，没有方向就没有前进的动力，没有合理的规划就无法在未来的道路上走得长远。阅读以下箴言，可以使同学们更深刻地认识到确立目标、合理规划对成功的重要性。

箴言文本

1. 物竞天择，适者生存！
2. 凡事预则立，不预则废。
3. 机会只给有准备的人。
4. 做事没计划，就如盲人骑瞎马。
5. 前不算，后要乱。
6. 正确的角色定位需要理智，及时的角色转换需要智慧。

7. 苦想没盼头，苦干有奔头。
8. 做正确的事情，正确地做事情。
9. 行动是通往理想之路的阶梯。行动越多，登得越高。
10. 拥有梦想只是一种智力，实现梦想才是一种能力。

二、品读经典

品读成功人士的故事，能启迪我们正确选择自己的职业方向、科学合理地规划自己的职业生涯；品读富有哲理的经典故事，深睿的思想能启迪我们的智慧；鉴赏有关理想与成功的歌曲和影视作品，能激励我们树立远大的目标，并为之拼搏；研读励志文学作品，能帮助我们科学地认识自我、剖析自我，进行合理的自我定位，找准自己的人生坐标和理想，做好大学生涯和职业生涯的规划。

（一）经典故事赏析

1. 目标决定未来——哈佛大学的人生目标调查

故事文本

目标决定未来——哈佛大学的人生目标调查

哈佛大学有一个非常著名的关于目标对人生影响的跟踪调查。这个调查的对象是一群年龄、智力、学历、环境等条件都差不多的年轻人，调查结果显示：3%的人，有十分清晰且长期的目标；10%的人，有比较清晰但比较短期的目标；60%的人，目标模糊；27%的人，完全没有目标。

哈佛大学的这一研究跟踪了25年。25年后，被调查对象的情况呈现出了显著差别。那3%有长期清晰目标的人，25年来几乎都不曾更改过自己的人生目标，他们始终朝着同一个方向不懈地努力。25年后，他们几乎都成了社会各界顶尖的成功人士，他们中不乏白手创业者、行业领袖、社会精英。他们生活在社会的最上层。

那10%有比较清晰的短期目标的人，他们的共同特点是，那些短期目标不断地被达成，生活质量稳步上升。他们都成为各行各业不可缺少的专业人士，如医生、律师、工程师、高级主管等，大都生活在社会的中上层。

那60%目标模糊的人，他们大都能安稳地生活与工作，但都没有什么特别的成绩。他们大都生活在社会的中下层。

剩下的27%完全没有目标的人，他们的特点是：从来不曾为一个目标而努力奋斗过，他们的生活都过得很不如意，常常失业，靠社会救济，并且常常抱怨他人，抱怨社会，抱怨世界。他们几乎都生活在社会的最下层。

【赏析指导】

为什么这些当初条件都差不多的年轻人，25 年以后却发生了如此巨大的变化。存在如此巨大的差距，其重要原因是：有无明确的职业生涯发展目标，决定了他们的人生和未来走向。正如西方的那句谚语所说："如果你不知道你要到哪儿去，那通常你哪儿也去不了。"

2. 比尔·拉福的职业生涯规划

故事文本

比尔·拉福的职业生涯规划

有这样一位美国小伙子，中学毕业之后，他就立志做一名优秀的商人。

父亲发现他有商业天赋，而且机敏果断并敢于创新，但却很少经历过磨难，没有经验，更缺乏知识。于是，父子俩进行了一次长谈，共同制定了计划，描绘出小伙子未来职业生涯的蓝图。后来他考入麻省理工学院，却并没有直接去读贸易专业，而是选了工科中最普通的专业——机械制造。这招棋很绝妙，因为做商贸必须具备一定的专业知识，在贸易中，工业商品占据绝大多数，如果不了解产品的性能、生产制造情况，很难保证贸易的收益。因此，具备一些工科的基本知识是经商的先决条件。小伙子就这样在麻省理工学院度过了四年。他没有拘泥于本专业，还广泛接触了其他课程，学习了化工、建筑、电子等方面的基本知识。他深知这些知识将对他从事商业活动发挥不可忽略的作用。

大学毕业后，小伙子没有立即投入商海。按照原先的设计，他考进芝加哥大学，并开始攻读为期三年的经济学硕士课程。这期间，他掌握了经济学的基本知识，深入了解了经济规律，懂得了商业活动的社会地位、作用，搞清了影响商业活动的众多因素。他还特意认真学习了有关的经济法律。同时，他对会计、财务管理也较为精通。这样，几年下来，他在知识上已经完全具备了经商的素质。

出乎意料的是，小伙子拿到硕士学位后，却仍然没有投身商海，而是考取了公务员，去政府部门工作。原来，他深知，经商必须要有很强的交往能力，人际关系在商业活动中异常重要，要想在商业上获得成功，必须深知处世规则，充分了解人的心理特征，善于与人交往，给人以良好的印象。他在政府部门一干就是五年。这五年中，他从稚嫩的热血青年成长为一名老成持重的公务员。

五年的政府工作结束之后，小伙子辞职下海，去了通用公司。在通用公司的两年里，他熟练掌握了商务技巧，业绩斐然。于是，他不再耽搁时间，婉言谢绝了公司的高薪挽留，开办了拉福商贸公司，开始了梦寐以求的商人生涯。功夫不负苦心人，缜密的职业生涯规划帮助他一步步接近了目标。他的生意进展异常顺利，公司日益壮大。二十年之后，拉福公司的资产从最初的20万美元发展到了2亿美元，而这位精于规划的小伙子也成为了一个商界奇迹，他就是美国知名企业家比尔·拉福。

【赏析指导】

比尔·拉福的成功得益于他为自己精心设计的职业生涯规划。从他的故事里，我们可以看到一种深谋远虑的眼光、一颗坚韧不拔的心、一份为梦想不懈追求的执著。大学生活对未来的职业生涯发展有着至关重要的影响，大学生要积极展开职业生涯设计，制订好适合自己的职业规划，根据自身的兴趣爱好、专业特长、个性特征、职业能力倾向等，探索出适合自己的职业目标。

3. 胡适的职业选择

故事文本

胡适的职业选择

中国大哲学家、文学家胡适早年曾考取官费出国留学。他最初选择的是农学，因为家道破落，他的哥哥期望他学以致用，能够帮助复兴家业。

两年后，他终于发现他的志趣和能力并不在农学上，于是决定转系。他反复问自己：我的兴趣在什么地方？与我性情相近的是什么？我能做什么？经过反复思考，他转到了文学院。文学院的课程以哲学为主，以文学、政治、经济学为辅。在这个领域，胡适如鱼得水，终于成为我国现代大哲学家和白话文的开创者。

后来，胡适在对大学生的演讲中说："现在的青年太倾向于现实了。不凭性之所近，力之所能去选课。譬如一位有作诗天赋的人，不进中文系学做诗，而偏要去医学院学外科，那么文学院便失去了一个一流的诗人，而国内却添了一个三四流甚至五流的饭桶外科医生，这是国家的损失，也是你们自己的损失。"

【赏析指导】

胡适的选择给了我们一个重要启示：每一个人都有自己独特的气质、性格和禀赋，这些内在的精神就表现在人的兴趣上。做自己喜欢做的事，做自己感兴趣的、擅长的事情，才能扬长避短，最大限度地发挥自己的才能。

（二）经典影视和歌曲鉴赏

1. 经典歌曲:《飞得更高》

【歌曲文本】

飞得更高

生命就像一条大河，
时而宁静，时而疯狂。
现实就像一把枷锁，
把我捆住，无法挣脱。
这谜样的生活锋利如刀，
一次次将我重伤。
我知道我要的那种幸福，
就在那片更高的天空。
我要飞得更高，飞得更高，
狂风一样舞蹈，挣脱怀抱，
我要飞得更高，飞得更高，
翅膀卷起风暴，心生呼啸，
飞得更高。
一直在飞，一直在找，

可我发现，无法找到，
若真想要是一次解放，
要先剪碎，这诱惑的网，
我要的一种生命更灿烂，
我要的一片天空更蔚蓝，
我知道我要的那种幸福，
就在那片更高的天空，
飞得更高。

【赏析指导】

《飞得更高》是由汪峰演唱的励志歌曲。生命就像一条河流，时而平静，时而湍急。在通往梦想的道路上，有鲜花也有荆棘，有阳光也有风雨。站在人生的新起点上，我们眺望未来；满怀着对理想的憧憬与希冀，我们心潮澎湃。我们充满激情，我们渴望成功，立足现实规划明天。自强不息，超越自我，画好明天的蓝图，走好今天的征程，终能实现梦想，翱翔在广阔的蓝天！

2. 影视鉴赏：《俞敏洪直击当代大学生就业》

【视频简介】

本视频节选自新东方教育科技集团董事长俞敏洪与大学生的对话节目。在面对面的互动交流中，俞敏洪就职业兴趣、职业理想以及如何选择适合自己的职业等方面给出许多合理的建议。

【赏析指导】

正如俞敏洪所说，在选择职业时，我们不但要关注自身的兴趣爱好，还要从个人的专业特长、性格特征、个性气质等方面出发，作出科学的自我定位和合理的规划。了解和分析自己的优点与缺陷，既要立足高远，又要脚踏实地，既要打好扎实的专业基础，又要不断提升自己的综合素质，为实现职业理想而不懈努力。

（三）经典著作研读

1. 经典著作：《青年在选择职业时的考虑》

【著作文本】

青年在选择职业时的考虑（节选）

卡尔·马克思

……

因此，我们应当认真考虑：所选择的职业是不是真正使我们受到鼓舞？我们的内心是不是同意？我们受到的鼓舞是不是一种迷误？我们认为是神的召唤的东西是不是一种自欺？但是，不找出鼓舞的来源本身，我们怎么能认清这些呢？

伟大的东西是光辉的，光辉则引起虚荣心，而虚荣心容易给人鼓舞或者是一种我们觉得是鼓舞的东西；但是，被名利弄得鬼迷心窍的人，理智已经无法支配他，于是他一头栽进那不可抗拒的欲念驱使他去的地方；他已经不再自己选择他在社会上的地位，而听任偶然机会和幻想去决定它。

我们的使命决不是求得一个最足以炫耀的职业，因为它不是那种使我们长期从事而始终不会感到厌倦始终不会松劲、始终不会情绪低落的职业，相反，我们很快就会觉得，我们的愿望没有得到满足，我们的理想没有实现，我们就将怨天尤人。

但是，不只是虚荣心能够引起对这种或那种职业突然的热情。也许，我们自己也会用幻想把这种职业美化，把它美化成人生所能提供的至高无上的东西。我们没有仔细分析它，没有衡量它的全部份量，即它让我们承担的重大责任；我们只是从远处观察它，而从远处观察是靠不住的。

在这里，我们自己的理智不能给我们充当顾问，因为它既不是依靠经验，也不是依靠深入的观察，而是被感情欺骗，受幻想蒙蔽。然而，我们的目光应该投向哪里呢？在我们丧失理智的地方，谁来支持我们呢？

是我们的父母，他们走过了漫长的生活道路，饱尝了人世的辛酸。——我们的心这样提醒我们。

如果我们通过冷静的研究，认清所选择的职业的全部份量，了解它的困难以后，我们仍然对它充满热情，我们仍然爱它，觉得自己适合它，那时我们就应该选择它，那时我们既不会受热情的欺骗，也不会仓促从事。

但是，我们并不总是能够选择我们自认为适合的职业；我们在社会上的关系，还在我们有能力对它们起决定性影响以前就已经在某种程度上开始确立了。

我们的体质常常威胁我们，可是任何人也不敢藐视它的权利。

诚然，我们能够超越体质的限制，但这么一来，我们也就垮得更快；在这种情况下，我们就是冒险把大厦筑在松软的废墟上，我们的一生也就变成一场精神原则和肉体原则之间的不幸的斗争。但是，一个不能克服自身相互斗争的因素的人，又怎能抗拒生活的猛烈冲击，怎能安静地从事活动呢？然而只有从安静中才能产生伟大壮丽的事业，安静是唯一生长出成熟果实的土壤。

尽管我们由于体质不适合我们的职业，不能持久地工作，而且工作起来也很少乐趣，但是，为了克尽职守而牺牲自己幸福的思想激励着我们不顾体弱去努力工作。如果我们选择了力不胜任的职业，那么，我们决不能把它做好，我们很快就会自愧无能，并对自己说，我们是无用的人，是不能完成自己使命的社会成员。由此产生的必然结果就是妄自菲薄。还有比这更痛苦的感情吗？还有比这更难于靠外界的赐予来补偿的感情吗？妄自菲薄是一条毒蛇，它永远啮噬着我们的心灵，吮吸着其中滋润生命的血液，注入厌世和绝望的毒液。

如果我们错误地估计了自己的能力，以为能够胜任经过周密考虑而选定的职业，那么这种错误将使我们受到惩罚。即使不受到外界指责，我们也会感到比外界指责更为可怕的痛苦。

如果我们把这一切都考虑过了，如果我们生活的条件容许我们选择任何一种职业，那么我们就可以选择一种能使我们有尊严的职业；选择一种建立在我们深信其正确的思想上的职业；选择一种给我们提供广阔场所来为人类进行活动、接近共同目标（对于这个目标来说，一切职业只不过是手段）即完美境地的职业。

尊严就是最能使人高尚起来、使他的活动和他的一切努力具有崇高品质的东西，就是使他无可非议、受到众人钦佩并高出于众人之上的东西。

但是，能给人以尊严的只有这样的职业，在从事这种职业时我们不是作为奴隶般的工具，而是在自己的领域内独立地进行创造；这种职业不需要有不体面的行动（哪怕只是表面上不体面的行动），甚至最优秀的人物也会怀着崇高的自豪感去从事他。最合乎这些要求的职业，并不一定是最高的职业，但总是最可取的职业。

但是，正如有失尊严的职业会贬低我们一样，那种建立在我们后来认为是错误的思想上的职业也一定使我们感到压抑。

这里，我们除了自我欺骗，别无解救办法，而以自我欺骗来解救又是多么的糟糕！

那些主要不是干预生活本身，而是从事抽象真理的研究的职业，对于还没有坚定的原则和牢固、不可动摇的信念的青年是最危险的。同时，如果这些职业在我们心里深深地扎下了根，如果我们能够为它们的支配思想牺牲生命、竭尽全力，这些职业看来似乎还是最高尚的。

这些职业能够使才能适合的人幸福，但也必定使那些不经考虑、凭一时冲动就仓促从事的人毁灭。

相反，重视作为我们职业的基础的思想，会使我们在社会上占有较高的地位，提高我们本身的尊严，使我们的行为不可动摇。

一个选择了自己所珍视的职业的人，一想到他可能不称职时就会战战兢兢——这种人单是因为他在社会上所居地位是高尚的，他也就会使自己的行为保持高尚。

在选择职业时，我们应该遵循的主要指针是人类的幸福和我们自身的完美。不应认为，这两种利益是敌对的，互相冲突的，一种利益必须消灭另一种的；人类的天性本身就是这样的：人们只有为同时代人的完美、为他们的幸福而工作，才能使自己也达到完美。

如果一个人只为自己劳动，他也许能够成为著名的学者、大哲人、卓越诗人，然而他永远不能成为完美无疵的伟大人物。

历史承认那些为共同目标劳动因而自己变得高尚的人是伟大人物；经验赞美那些为大多数人带来幸福的人是最幸福的人；宗教本身也教诲我们，人人敬仰的理想人物，就曾为人类牺牲了自己——有谁敢否定这类教诲呢？

如果我们选择了最能为人类福利而劳动的职业，那么，重担就不能把我们压倒，因为这是为大家而献身；那时我们所感到的就不是可怜的、有限的、自私的乐趣，我们的幸福将属于千百万人，我们的事业将默默地、但是永恒发挥作用地存在下去，而面对我们的骨灰，高尚的人们将洒下热泪。

【研读指导】

本文是马克思十七岁中学毕业时所写的。作者以优美的文笔、深刻的语言，缜密的思考，严格的推理，使人兴奋、鼓舞，给人以振聋发聩的力量。马克思从小就在家庭和学校里受到了人道主义、理性主义和圣西门学说等启蒙思想的教育和熏陶，这使他在中学时期就确立了拥护进步政治与反对反动势力的正确立场，并树立起为人类造福的伟大理想和崇高精神。他在中学时期所写的这篇德语作文已经表现了这位十七岁的年轻人对自己未来所作的最初选择的严肃思考。十六七岁的年龄应该是尝试规划人生、设计人生未来方向的时候，马克思也说，每个人眼前都有一个目标，这个目标至少他本人看来是伟大的。在《青年在选择职业时的考虑》一文中，马克思谈了青年在选择职业时应遵循的若干原则，以及自己职业选择的初步方向。文章中，马克思谈了青年选择职业应遵循两个方面的原则。第一个方面，马克思谈的是怎样选择职业的原则。在这一部分，马克思谈了影响职业选择的三大因素：个人喜好、身体条件、自身能力。第二个方面，马克思谈的是自己职业选择的方向。少年马克思已经注意到了“选择了最能为人类福利而劳动的职业”，认识到个人职业选择和社会需要之间的关系，表达了“在职业选择时，应该遵循的主要指针是人类的幸福和我们自身的完美”。这一指针和选择使马克思从精神上和方向上决定了他自己的一生。他极其认真负责地使用了一个人所可能有的最有尊严的自由选择的权利。十七岁的马克思以青年的激情向社会发出了自己的职业理想宣告：要为人类的幸福而献身。青春的激情与深刻的理性在这里交融。文中所表述的一些见解和许多哲理性的语句都深入实际，给人启迪。时隔一个多世纪，本文仍对广大青年的现实生活起着积极的指导意义。

2. 经典著作:《做有目标的白龙马》

【著作文本】

做有目标的白龙马

刘亚洲　邱恒明

如果你真心想要成功的话，你需要把自我训练放在第二位，而把目标设定放在第一位。

——美国克莱斯勒汽车公司创建者 迈克尔·克莱斯勒

有句谚语说得好：“对一艘盲目航行的船来说，任何风向的风都是逆风。”目标是我们行动的依据。没有了目标，我们的劲不知道往何处使。有了目标，我们的斗志才会被激发，才能发挥出自己的潜能。

白龙马的故事就是很好的启迪。

据说唐僧骑的那匹白龙马从前住在长安城西的一家磨房，它和一头驴子是好朋友。平日，白龙马在外面拉东西，驴子在屋里推磨。没想到，当这匹马昂首西去之后，它和驴子的命运从此迥然不同。

14年后，白龙马驮着佛经回到长安，来到磨坊见它的驴子朋友。老马谈起这次旅途的经历：浩瀚无边的沙漠，高入云霄的山岭，凌峰的冰雪，大海的波澜……那些神话般的境界，驴子听了大为惊异。驴子惊叹道：“你有多么丰富的见闻呀！那么遥远的路，我简直连想都不敢想呀！”

“你知道吗？”白龙马说，“其实，我们跨过的距离是大体相等的。当我向西天前进的时候，你一步也没停止。不同的是，唐僧和我有一个遥远的目标，按照始终如一的方向前进，所以我们看到了一个广阔的世界。而你被蒙住了眼睛，一生就围着磨盘打转，所以永远也走不出这个狭隘的空间。”

白龙马和驴子的寓言同样适用于这样一群人：最初，他们的智力其实不相上下，在走过漫长的人生之后，有的功盖天下，有的却碌碌无为。是什么原因造成了这么大的区别呢？答案是目标。原来，杰出人士与平庸之辈最根本的差别，不在于天赋，也不在于机遇，而在于是否建立了自己的人生目标！我们每个人都回忆一下自己的工作、生活处于怎样的一个状态，有没有明确的目标？

有智者说，只有复杂的头脑才能想出简单的道理。我们是不是能认清简单的道理并照此而为呢？我们也倍感思维复杂，各方都需兼顾，但我们的复杂却把目标分散，迷乱了，而不是集中。我们每日的劳作是为了应付本能反映出来的各种感觉、各种需求，在碌碌无为的忙碌中忘记了我们原本应该持守的长期目标。

【研读指导】

本文节选自《成就伟大的 8 个小习惯》。目标就如黑夜中的灯塔，能照亮前进的方向。站在相同的起跑线上，有目标的人能按照既定的方向脚踏实地地前行，而毫无目标的人却好似一叶小舟在大海中随波逐流、没有方向。对大学生来说，能否在大学阶段完成职业生涯的自我探索具有重要的意义。要规划好职业生涯，就必须根据自身的主客观环境分析来确立自己的发展目标，进行合理的自我剖析、目标设计、目标实现策略，并根据实际情况变化作出及时的反馈和修正。合理的职业生涯规划是开启职业之旅的钥匙。

三、主 题 活 动

本章通过开展演讲、辩论、朗诵、征文等各类比赛，引导大家积极地剖析自我、客观地评估和定位自我、拟定科学合理的职业生涯规划、树立远大的职业生涯目标，并对与职业岗位相关的口才表达能力、辩论能力、写作能力、团队协作和沟通交流能力等进行拓展和训练。以下是与职业生涯规划相关的演讲、辩论、朗诵、征文的推荐题目，供各班、院系和学校开展相关活动参考。

（一）主题演讲比赛

1. 推荐主题

“我的未来我做主”、“规划人生、成就未来”、“我的成功蓝图”。

2. 主题范例

（1）主题说明：以“我的成功蓝图” 为主题进行演讲比赛。以“规划自我、发展自我、超越自我、成就自我”为理念，合理地认知“职业”，进行科学的自我分析和定位，制定出切实可行的职业发展规划。

（2）策划方案：（范例见附录）

（二）主题辩论比赛

1. 辩题推荐

（1）正方：先就业后择业。反方：先择业后就业。

（2）正方：兴趣、爱好是选择职业的决定性因素。反方：兴趣、爱好是选择职业的次要因素。

（3）正方：能力对择业更重要。反方：文凭对择业更重要。

（4）正方：大学生兼职利大于弊。反方：大学生兼职弊大于利。

2. 主题范例

（1）主题说明：以“兴趣、爱好与择业”为主题开展辩论比赛。正方观点为：兴趣、爱好是选择职业的决定性因素。反方观点为：兴趣、爱好是选择职业的次要因素。双方围绕“兴趣爱好对择业的影响”展开辩论。

（2）策划方案：（范例见附录）

（三）主题朗诵比赛

1. 推荐主题

“我有一个愿景”、“青春·理想·成才”、“扬起理想的风帆”。

2. 主题范例

（1）主题说明：以“我有一个愿景”为主题开展朗诵比赛，以展望未来、歌颂青春、歌颂理想为主要内容，展现当代大学生立足高远、自强不息、奋发进取的青春风貌。

（2）演讲稿范例：

我有一个愿景

尊敬的各位来宾，亲爱的朋友们：

今天我演讲的题目是“我有一个愿景”。

登山者的愿景是征服险峻神秘的山峰，航海家的愿景是征服浩瀚汹涌的海洋，哥白尼的愿景是揭开天体运行的奥秘，门捷列夫的愿景是探索微观世界的玄机……冥冥之中，仿佛有一块神秘的未知的领域在召唤着这些执著而孤独的先行者，他们孜孜不倦、执著追求。他们的人生价值在对愿景的追寻中实现，他们的精神便在对愿景的超越中涅槃。

同学们！人生就仿佛是在无边的大海上航行，只有远大的愿景才能帮助我们确定人生的航向。有了正确的目标，才有可能实现人生的价值。细数中华英杰，有多少仁人志士在年轻时代就给自己绘下了壮丽的人生蓝图：班超的愿景是驰骋疆场，安邦定国，于是投笔从戎，立下赫赫战功；岳飞的愿景是收复失地，保家卫国，于是他力主抗金，所向披靡，使敌军闻风丧胆；周恩来的愿景是实现中华民族的崛起，国富民强，于是他立志进取，为国家的繁荣与发展鞠躬尽瘁……他们正是当年看到了远大的愿景，所以才能成就一世伟业，为国家为民族作出贡献。而民族的历史同样也牢牢记住了他们。

心中有了远大的愿景，人生便有了强劲的动力。即使遭遇挫折，陷入困境，它也能激励我们矢志不渝，百折不挠。让我们沿着历史的长河溯流而上吧：我们看到孔子为天下大同的愿景而游说诸侯各国，即是多年颠沛流离，遭尽冷嘲热讽也不改心中坚定的目标；我们还看到屈原为振兴祖国的愿景而奔走呼告，力谏楚王，即使遭遇疏远流放也不改赤诚的忠心；我们还看到陈胜吴广为推翻暴秦的愿景而揭竿而起，面对强大的敌人毫无惧色，最终迎来全国起义的燎原之势……没有愿景，一旦遭遇挫折，我们便只会悲观哀叹，生活便失去了目标，失去了希望，生活中的一切便会黯淡无光。这样，人生的意义又何在呢？

同学们，年轻的我们肩负着振兴祖国的重任，让美好的愿景点亮我们的心灯，赋予我们不竭的动力，去成就一段美丽的人生！

谢谢大家！

（3）策划方案：（范例见附录）

（四）主题征文比赛

1. 推荐主题

“我的职业我规划”、“设计我的明天”、“我的职业梦想”、“我的职业榜样”。

2. 主题范例

（1）主题说明：以“我的职业我规划”为主题开展职业生涯规划征文大赛。要求所做的职业生涯规划书内容完整。包含自我评估、职业环境评估、确立志向并设定目标、依据目标并实现规划、自我监控、评估与调整、备选方案等步骤。

（2）征文范例：

我的职业我规划

软件工程师职业生涯规划范文

一位哲人说过："走好每一步，就是你的人生。"人生之路说长也长，是因为这是你一生所要走的艰难险阻的跋涉；人生之路说短也短，因为你度过的每一天就是你的人生。每个人都在计划自己的人生，都在实现自己的梦想，而我将在规划的航线上拔锚起航。

一、认识自我

1. 个人分析

我的性格具有两面性，我喜欢在安静的环境下看书，喜欢与朋友聊天，分享彼此的欢乐，也喜欢打羽毛球、跑步、旅游，享受大自然的美景、陶冶自己的情操。另外，我还具有团队合作精神与协作能力，比较强的动手能力与实践能力。

人无十全十美。我在做事情时，有时比较急躁，但我会在以后的工作与学习中加以改善。

二、职业生涯条件分析

1. 社会环境分析

总体来说，我们国家拥有良好的社会环境，社会安定、政治稳定，特别是当前经济发展迅速，法制建设不断完善，高新技术领域突飞猛进。因此，在这样一个良好的社会环境下，制定一个合理的人生职业规划是尤为必要的。

2. 职业环境分析

IT行业是随着电子信息产业的发展而逐步发展起来的，并且日益得到完善。IT行业的平稳发展必然会带来软件工程师需求的增长。目前随着IT产品出现的技术融合，市场需求的巨大和专业人才的缺乏等现象，从事软件行业还是比较乐观的。但软件行业需要的是复合型人才，软件工程师需要掌握更多的编程语言。

三、职业目标定位

1. 职业目标的确定

（1）短期目标（1～2年）

注重Java基础知识的积累，多学习项目开发经验，了解项目开发业务知识，并在学习中掌握DB2数据库的SQL语句的复杂查询以及管理操作，并深入学习了解struts、hibernate、spring相关操作。

（2）中期目标（3～5年）

至少了解并熟悉两门编程语言，如.net、C++、PHP，并学习掌握Oracle、MS-SQL数据库管理操作；掌握软件开发各个阶段的基本技能，如市场分析、可行性分析、需求分析、结构设计、详细设计，软件测试等。在条件允许的情况下，考虑专升本。

（3）长期目标（5～10年）

学习管理方面的相关知识，由技术型向管理型方向转移。

2. 成功标准

只要尽心尽力，使自己能力得到发挥，从实践中得到提升与自我认识，就是最大的收获。

四、评估调整

1. 评估的时间

在一般情况下，每三个月对自己所做的工作进行一次总结，每半年对职业规划重新评估并进行相应的调整。

2. 评估的内容与调整的原则

不论目标如何调整，每一时间段必须有明确的工作计划与目标。内容评估主要侧重于实施策略的评估和调整，随着社会以及行业的发展和变化，适时地调整自己的目标实现策略，做到以最简的规划获得最快的提高。

五、结束语

"路漫漫其修远兮，吾将上下而求索"。不经历风雨怎能见彩虹？我们要时刻保持一颗清醒的头脑，随时为自己的目标而奋斗。其实，每个人心中都有一幅画，描述着理想、信念、追求和抱负。一个人若要获得成功，必须拿出勇气，付出努力、不断拼搏、不断奋斗。机遇不同情忧伤的眼泪、不相信颓废的绝望，只青睐爱打拼、时刻准备着的人。

规划人：××

日期：2012.4.29

（五）主题班会和团日活动

1. 推荐主题

主题班会："放飞梦想"、"规划人生"；团日活动："体验职场"、"走进招聘会"。

2. 主题范例

"放飞梦想"主题班会策划案

（1）活动目的。

了解自我，确定目标，规划人生，放飞梦想。

（2）活动地点。

场地：教室（学生可以坐成"U"字形，留出活动的空间）。

（3）活动内容。

① 辅导员导入。有目标、有计划，我们才能有的放矢；有信心、有毅力，我们才能永不言败。充满对未来的憧憬，我们要亲手绘制明天美丽的蓝图。

② 主持人登场。男女主持人以聊天的方式进入话题，通过大学生就业形势、就业市场现状等，让学生认识到树立目标、规划好职业生涯的重要性。

③ 看图片，猜职业。利用幻灯片，介绍现在职业的分类，尤其是现代新兴职业，加深学生对社会不同职业的理解和认识。

④ 各组学生代表发言。谈谈自己对未来职业生涯的展望和职业目标。

⑤ 各组讨论。以小组为单位讨论。

- 在你看来，哪些职业最符合这个社会的发展？
- 你想过你未来要从事什么职业吗？

- 你是否认为低收入的职业就没有存在的必要？
- 在选择职业时，你最看重兴趣、爱好、薪金、环境，还是父母或朋友的建议？

辅导员总结：同学们要客观地看待自己，从实际出发规划未来，才能扎实前进。有位名人曾夸张地说过：如果人能从事自己感兴趣的工作，那么，人生就是天堂。兴趣给人的工作过程带来的乐趣由此可见一斑。

辅导员通过 PPT 展示步骤和流程，重点阐述除了了解自己的专业，还要了解自己的学习兴趣、工作兴趣、职业价值观等特征，才能确立合理的目标。

（4）职场体验。

① 图片展示。展示招聘现场的图片，让学生认识到就业形势的严峻，储备足够的与职业有关的基础知识和技能，并注意个人素养问题。

② 情景剧表演。由学生进行情景剧表演，通过求职应聘过程中的一正一反两个故事案例，说明大学生在大学阶段更应了解企业用人要求，科学界定自己的成才标准。既要打好扎实的专业知识基础，更要培养自己的综合素质，以适应职场需求。

③ 观看视频。观看大学生职业生涯规划大赛视频，学习规划经验。

（5）手语操。

在各组组长带领下，全班集体表演手语操《我的未来不是梦》。

（6）辅导员作总结。

同学们，泰山不让土壤，故能成其大；江海不择细流，故能就其深。没有兢兢业业的辛苦付出，哪里来成功的喜悦？没有勤勤恳恳的刻苦钻研，哪里来累累硕果？每个人都想成就自己的梦想，开创一番事业。然而请别忘记，明天的辉煌总是以今天的努力为基础的。那么，在大学阶段，我们就应该锁定职业目标，树立职业理想，扎实地学习文化知识，增强职业技能，为未来就业做好准备，放飞我们的职业梦想。

（7）布置作业。

做好自己的职业生涯规划书，为参加规划大赛和学习交流活动作准备。

四、学 习 交 流

通过本章团体素质拓展训练，进一步了解客观认识自我、分析自我对进行职业生涯规划的重要性，并掌握如何进行自我定位和自我评估的方法，根据自身的优势和劣势、兴趣特长及爱好、性格特质、价值观、实际能力等进行合理的职业生涯规划。通过听取精品报告，学习成功的职业生涯规划案例，吸取职业生涯发展的成功经验，学会如何拟定目标与计划。参加小组与班级学习交流活动，在学中做，在做中学，切实提高团队协作能力、调查研究能力、课件制作能力、分析问题能力，并能进行初步的职业生涯探索。

（一）团体素质拓展训练

1. 推荐项目

“客观认识自我”、“完善理想的我”、“填写 20 个我是谁”。

2. 项目范例

表 3-1 “客观认识自我”团训详解

<table>
<tr><td>人数</td><td>全班</td><td>时间</td><td>10 分钟</td><td>场地</td><td>室内</td></tr>
<tr><td>用具</td><td colspan="5">无</td></tr>
<tr><td colspan="6">团训步骤及详解</td></tr>
<tr><td colspan="3">（1）讲解
辅导员向学员宣布：下面将进行一项“客观认识自我”的活动，请大家做好准备。
（2）开始
请全体学员将右手放在桌子上，掌心紧贴桌面，五指分开。
（3）竞答
辅导员宣布游戏规则。
（4）合唱
辅导员开始提问，学员回答问题并抬起手指
（5）讨论
当学员意识到无名指无法抬起时，辅导员再组织大家进行问题讨论
（6）展示
辅导员强调在职业生涯中，客观分析自我的重要性，并利用 PPT 展示客观认识自我分析图</td><td colspan="3">操作详解
一、游戏规则
大家将会被问到一些问题，如果学员的答案是肯定的，就抬起右手的一根手指，手指抬起的顺序是：大拇指、食指、中指、小拇指和无名指。
说明：
1．辅导员所问的问题应该比较简单，如：“你有没有电脑？”“你爱不爱旅游？”等。
2．学员们很快就会发现，他们能够很容易地抬起大拇指、食指、中指、小拇指，却无法抬起无名指。

二、问题讨论
1．当无法抬起无名指时，你有怎样的感觉？是否会觉得这根手指很没有用？
2．大家从前是否意识到了这个问题？我们身上的短处是否能被自己发现？
3．通过这个游戏，你得到了怎样的启示？该怎样看待自己的优点和缺点？</td></tr>
</table>

附：客观认识自我分析图

表 3-2 客观认识自我分析图

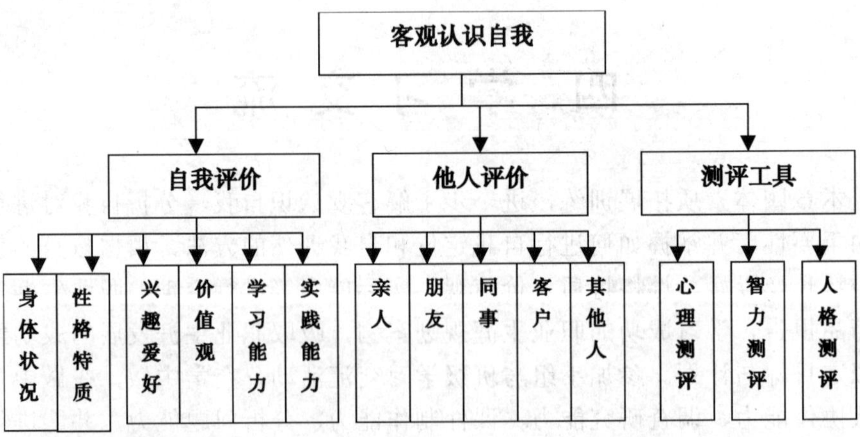

（二）精品报告

1. 推荐报告：李开复重庆大学演讲

（1）报告人：李开复。

（2）报告简介：前 Google（谷歌）全球副总裁兼中国区总裁、创新工场董事长兼首席执行官李开复在重庆大学为学生们作了一作生动的报告。围绕大学生的几个主要困惑和问题，他提出了：大一、大二时，了解自己、发现自己，找到自己的兴趣和理想，为自己做一个合理的职业生涯规划，大三、大四时，找到平台、施展自己。

2. 推荐报告：乔布斯斯坦福大学演讲

（1）报告人：乔布斯。

（2）报告简介：本报告节选自美国苹果公司前行政总裁史蒂夫·乔布斯于2005年在美国斯坦福大学所作的演讲报告。在报告中，他讲述了他的创业经历以及有关勇气、目标、生命、因缘的感悟。“如果你把每一天都当做生命中最后一天去生活的话，那么有一天你会发现你是正确的。”乔布斯结合亲身经历，讲述了及早找到适合自己的职业方向、并为之不懈奋斗，必有一天能获得成功的道理。

3. 推荐报告：大学生职业生涯规划大赛参赛作品

（1）报告人：周松（海南大学参赛选手）。

（2）报告简介：本视频节选自全国大学生职业生涯规划大赛视频。60号选手周松将个人职业生涯规划与现实情况紧密结合，从家乡产业状况、个人实际情况、销售经验、个人优势和特长与职业生涯发展规划等各个方面进行了阐述，并提出了“我的梦想是做一个为家乡老百姓贴心服务的商人”的响亮口号。

（三）小组和班级学习交流

（1）拟定一些问题（例如，对本专业未来发展前景的困惑、不了解应该何时开始职业生涯规划的困惑、不知道如何选择适合自己的职业的困惑、不知道如何合理给自己定位的困惑、就业还是再深造的困惑等），就这些问题走访一下身边的同学，了解大家在职业生涯规划、职业方向选择等方面有哪些困惑和问题。结合自身情况，写出心得体会，进行小组交流汇报。

（2）寻找自己感兴趣的行业的资料，收集1～2个该行业领域中企业的资料，了解其企业文化、发展愿景、人才需求等各方面的情况，制作成PPT，并进行班级交流汇报。

（3）走访高年级的创业之星，了解他们在创业过程中的感悟和收获，写成心得体会，并进行小组交流汇报。

（4）寻找职业偶像。在你所感兴趣的行业中寻找1～2位该行业的成功人士，收集一些他们的资料，总结他们在职业生涯中的成功经验，制作成PPT，进行汇报展示。

中篇　成长在社会化的进程中

第四章 道德品质的优化

道德品质，即品德，是一种个体现象，它是社会道德在个体身上的表现。一个人依据一定的道德准则行动时所表现出来的某些稳固的特征，便是他的道德品质。道德品质的核心问题是个人与他人、社会、集体的关系问题。一个人对他人、对社会、对集体的关心程度和献身精神，体现着一个人道德品质的高低。道德品质修养能促进自身的人格完善。现在不少大学生虽然赞美高尚，却不能用社会主义的道德指导自己的行为，而出现知行分离的问题。我们遵循理论和实践相结合的原则，通过一系列有意义的实践活动，帮助同学们树立正确的道德观，并认真践行社会主义道德规范，优化自己的道德品质，引导同学们成为有理想、有道德、有文化、有纪律的“四有”新人。

一、领 悟 箴 言

“有才无德是毒品，有德无才是次品，有德有才是正品，大德大才是精品，伟德伟才是极品”，这首五品诗揭示了一个真理：即道德品质的优劣是衡量人生成败的重要标准之一。从古到今，有不少成功人士在人生的征程中对人品决定成败的道理有许多领悟，留下了不少富于哲理、蕴含智慧、发人深省、给人以启迪的箴言。这些箴言警示着我们要重视学会做人，不断优化自己的道德品质。

箴言文本

1. 天行健，君子以自强不息；地势坤，君子以厚德载物。
2. 勿以恶小而为之，勿以善小而不为。惟贤惟德，能服于人。
3. 先天下之忧而忧，后天下之乐而乐。
4. 富贵不能淫，贫贱不能移，威武不能屈。
5. 静以修身，俭以养德。非淡泊无以明志，非宁静无以致远。

6. 生命短促，只有美德能将它留传到辽远的后世。

7. 道德是真理之花。

8. 美德的本身就是它的报酬。

9. 道德中最大的秘密就是爱。

10. 真正的谦虚只能是对虚荣心进行了深思以后的产物。

11. 生命不可能从谎言中开出灿烂的鲜花。

12. 世界上有两件东西能够深深地震撼人们的心灵，一件是我们头顶上灿烂的星空，另一件是我们心中崇高的道德准则。

二、品读经典

在历史的长河中，我们崇尚道德的国度，流传着许多动人的有关道德的经典故事、经典影视、经典歌曲和经典著作，也涌现出了无数的道德模范。品读道德经典，能吸收丰富的精神营养，向道德模范学习，能优化道德品质。我们围绕道德品质的优化这个主题选编了一些经典资料，供大学生们赏析，希望大家能从经典中领悟到人生的真谛。

（一）经典故事赏析

1. 勇救落水儿童的长江大学学生集体

故事文本

特别奖：勇救落水儿童的长江大学学生集体

2009年10月24日，长江大学文理学院的40多名同学结伴出游，来到湖北荆州市宝塔河江段的江堤上野炊。下午2时左右，一些同学在长江边游玩时，突然发现两个小男孩在江中挣扎。同学们迅速冲了过去，先救起了一个男孩。但是在救另一个男孩时并不顺利。危急时刻，站在沙滩上的10多名同学赶紧手拉手组成人梯下水搭救，另一个男孩也获救。但是，由于水情复杂，加上学生们体力不支，最终搭起的人梯被冲垮了，很多学生落入江中。岸边的同学们大声呼救。附近的冬泳队队员闻声赶来，相继从水中救起6名大学生。而陈及时、何东旭、方招3人却因救人后体力不支消失在湍急的江水中，献出了年仅19岁的宝贵生命。

【赏析指导】

2009 年 10 月 27 日，湖北省委高校工委、省教育厅决定授予长江大学徐彬程等 15 名大学生“见义勇为舍己救人英雄集体”荣誉称号，追授陈及时、何东旭、方招 3 名同学“舍己救人英雄大学生”荣誉称号。同时，他们还获得了感动中国 2009 特别奖。

感动中国人物栏目组给予勇救落水儿童的长江大学学生集体的颁奖词是“他们纵身一跃，划出了人生最壮丽的弧线，他们奋力一举，绽放出生命最高尚的光芒。他们用青春传承了见义勇为，用无畏谱写了一曲英雄的赞歌。”通过这次见义勇为事件，我们可以看到：生命的质量不在于它的长度，而在于它的宽度。司马迁也曾经说过，人固有一死，或重于泰山，或轻于鸿毛。因此，同学们应当学习时代楷模，树立正确的人生观、价值观。

生命都是无价的，见义勇为的壮举是无价的。救人的大学生群体，向祖国、向社会证明了“年轻一代不是垮掉的一代”。

作为年轻一代，同学们应该重视和加强自身的思想政治教育，树立正确的人生观、价值观，使自己真正成为能够担任重任的一代。作为在校大学生，同学们正面临着人生发展的最为关键的时期。时代要求大家要在学习、生活、工作等各方面全方位面对和思考如何正确处理个体与社会的关系等一系列重大问题。要学会生存、学会学习、学会创造、学会奉献，这些都是同学们将来面向社会和生活所必须具有的最基本、最重要的品质。其中，最核心的就是学会如何做人；学会做一个符合国家繁荣富强与社会不断进步发展所需要的人格健全的人；学会做一个能正确处理人与人，人与社会，人与自然关系并使之能协调发展的人；做一个有理想、有道德、有高尚情操的人。一句话，做一个有利于社会、有利于人民、有利于国家的人。这就要求同学们必须从现在做起，牢固树立正确的人生价值观。

在正确的人生价值观的指导下，面对个人与他人、与集体的利益发生冲突时，同学们才能够做出正确的选择。当他人的生命受到威胁时，同学们应当见义勇为，发扬英雄精神。在 这个真实的故事中，大学生面对危急情况时，能够通过手拉手的方法去救人，反映出优秀大学生不仅是道德高尚的青年群体，更是在紧急关头能够通过智慧和团结的力量去解决问题的年轻一代。同学们应该学习他们这种智慧和精神。

2. 阿里木江·哈力克

故事文本

阿里木江·哈力克

他靠卖羊肉串谋生，生活并不富裕，却因为急公好义、乐善好施，被新疆人民亲切地称为“好巴郎”，被贵州人民誉为“草根慈善家”。

他就是第三届全国道德模范候选人、新疆维吾尔自治区巴音郭楞蒙古自治州和静县个体工商业者阿里木江·哈力克。

1992年，阿里木江·哈力克退伍后，在当地供销社工作。供销社破产后，他走南闯北，以卖烤羊肉串谋生。2001年，他到贵州省毕节市落脚，随着生意越来越好，他赚的钱多了起来。然而，阿里木江·哈力克依然很“穷”。钱哪里去了？答案是：捐给了贫困孩子。

2002年4月，他把500元钱交到毕节师专（现毕节学院）贫困生赵敏手中；2003年12月，他看到患肾病的男孩周勇因为家庭困难交不起医疗费，立刻向朋友求助，又组织大家捐款；2007年11月，得知大方县达溪镇聚河小学学生缺书包，他就买了181个新书包，翻山越岭两个多小时，送到学校；听说一小学41名学生交不起学杂费，他马上冒雨送去5 000元……

在毕节，从小学、中学到大学，到处都有阿里木江·哈力克捐助的贫困学生。他还在贵州毕节学院和贵州大学设立“阿里木江助学金”。至今，资助过多少学生，他已经记不清了：“直接资助的有100多个。加上送学习用品，应该有几百个学生了。”

经常有人问阿里木江·哈力克：你辛辛苦苦赚来的钱，自己不过更好的生活，却捐给了贫困学生，为什么？阿里木江·哈力克说，我不能让想读书的孩子上不起学，要尽力帮他们！

【赏析指导】

阿里木江·哈力克不仅被评选成为全国道德模范人物，同时还是《感动中国》十大人物之一。阿里木江·哈力克，一个平凡的新疆维吾尔族人，一个靠卖羊肉串为生的人，他的善举却给国人留下了深刻的印象。他给我们做出了表率，起到了一个模范作用。

阿里木江·哈力克用自己高尚的道德行为给我们树立了一个模范、一面旗帜，他鼓舞着我们，为我们指明了做人的方向。同为这个社会的一分子，我们也在关注着道德，也都是道德的践行者。那么我们又将如何来践行道德呢？

其实道德很简单，它就在我们身边。三国时期的刘备就曾经说过这么非常精辟的话，"勿以恶小而为之，勿以善小而不为"。阿里木江·哈力克不是达官贵人，也没有家财万贯，只是一个卖羊肉串的普通人，他用自己的力量去帮助身边能帮助之人，他给我们带来的震撼和感动确实是言语无法表达的。道德既表现在我们身边，更表现在我们自己身上，我们没有一个人能离开道德，更没有一个人能抛弃道德。道德时时跟随着我们，就像网络上非常流行的一句话，"人生没有彩排，每天都是在现场直播"，有关道德的片段时时刻刻都在我们身上或者身边上演。

（二）经典影视和歌曲鉴赏

1. 歌曲鉴赏：做人

【歌曲文本】

做人

一撇一捺写出个人
一生一世才做成个人
红手印按出个大写的人
万事根本是做人
做人　做大写的人
清清白白　勤勤恳恳
不求光环　不求缤纷
只愿做棵禾苗深深扎根
做人　做大写的人
平平常常　认认真真
不求光环　不求缤纷
只愿做一个大写的人
做人

【赏析指导】

有人说"歌用旋律去模拟着场景，用歌词去描述着事实"。歌曲《做人》构思着对人、对人生思索的一种意境，让听众沉浸在这种意境中，耐人寻味。虽然同学们的生活历练并不算多，但大家可以靠想象力和创造力去揣摩歌中细腻的情绪和思索，透过歌声抒发心中情感和思想，从而引起共鸣，并从歌中找到自己想要的一种感动。《做人》带给同学们的不仅仅是感动，更是对人生、对责任的一种思考。"人"字一撇一捺两画，看似很简单，但是要做一个大写的、堂堂正正的人，却要用我们的一生来书写。人一生都要学会踏踏实实做人，勤勤恳恳工作，用平常心去面对平常事，尽心尽力、认认真真做事，才能够成为一个真真正正的大写的人、堂堂正正的人。

2. 影视鉴赏 纪录片：2005感动中国年度人物——洪战辉

【视频简介】

洪战辉，男，汉族，河南省西华县人，中共党员。1982年出生，中南大学商学院学生。

1994年，洪战辉的父亲突发间歇性精神病，造成妻子受伤骨折，女儿意外死亡，家里欠下巨债。随后，父亲又捡来了一个和女儿年龄相仿的女婴。面对沉重的家庭负担，母亲离家出走了。年仅13岁的洪战辉默默地挑起了伺候患病父亲、照顾年幼弟弟、抚养捡来的妹妹等家庭重担。这副重担，对于成年人来说尚且不易承受，何况一个10多岁的孩子！但洪战辉没有退缩，一挑就是12年。为了挣钱养家，他像大人一样，做小生意，打零工，拾荒，种地。从高中到大学，他将妹妹一直带在身边，每天都保证妹妹有一瓶牛奶和一个鸡蛋，自己却常常啃方便面。在怀化念大学的日子里，他安排妹妹上了小学，每天不管学习多忙，都坚持接送妹妹，辅导妹妹功课。为了治好父亲的病，洪战辉吃尽苦头。2005年，他被评为感动中国十大人物之一，成为时代偶像。

【赏析指导】

当洪战辉还是一个孩子时，他父亲疯了，亲妹妹死了，母亲出走了，父亲捡来一个陌生的女婴，如何支撑这个苦难的家庭落在了这个仅有12岁的孩子身上。这副担子即使在一个成年人看来也是异常的沉重，而12岁的洪战辉用他的坚毅、顽强，挑起了这副担子，一挑就是12年。12年的艰苦生活没有让他退缩，没有让他倒下，他始终笑对生活。

“感动中国”栏目组给洪战辉的颁奖词是这样的，“当他还是一个孩子的时候，就对另一个更弱小的孩子担起了责任，就要撑起困境中的家庭，就要学会友善、勇敢和坚强，生活让他过早地开始收获，他由此从男孩开始变成了苦难打不倒的男子汉，在贫困中求学，在艰辛中自强，今天他看起来依然文弱，但是在精神上，他从来是强者。”

是的，在精神上洪战辉一直都是强者。我们感动于他面对苦难时的坚强，感动于他与苦难拼搏时的顽强，感动于他照顾毫无血缘关系的妹妹时的无私。我们感动是因为这些在洪战辉身上熠熠闪光的东西，如今在我们很多人身上，尤其是年轻一代中已不多见。身为家庭贫穷的大学生，洪战辉靠打工挣学费，虽然也有好心人的捐助，但洪战辉却不愿接受。而不少因家庭贫穷取得国家助学贷款的大学生们，毕业之后，却违背当初的承诺，逃避还贷的责任，在迈向社会的第一步时便已失去了做人最为宝贵的“诚信”。不知他们读到洪战辉的故事时是否也会感动。

洪战辉的经历不可能人人都会遇到，但他身上那些弥足珍贵的东西，是我们每个人都应该去追求的。同学们，当我们在为洪战辉感动的同时，也应反省自己：去掉浮华，永葆真诚，淡泊名利，只求益于他人，益于社会。每个人所遇到的生活不同，所走的道路也不尽相同，但有些品质，应该是我们共同追求的，也是应该永远追求的。

3. 2008感动中国年度人物——武文斌

【视频简介】

武文斌，1982年10月生于河南邓州一个普通的农民家庭。2002年12月，武文斌成为济南军区第五十四集团军的一名普通战士。在铁军优良作风的影响下，他一边刻苦训练，一边勤奋学习，于2005年9月考入解放军信息工程大学测绘学院一系一队大士六班学习。

2007年6月，他以优异的成绩从士官班完成文化课学习后，回到所在师的炮兵指挥连实习。

2008年5月12日，部队接到紧急赶赴四川地震灾区抗震救灾的命令，被连队安排留后的武文斌主动请战赶往灾区。部队到达灾区后，他和战友们始终奋战在第一线，转移群众，灾后安置重建，他一个人干几个人的活，清淤泥搬石头，疏通引水渠，身上多处被划伤。

2008年6月18日21时许，武文斌因过度疲劳，累倒在胥家镇救灾现场，连队及时将他送到医院救治，但他终因肺部大出血抢救无效而牺牲。

2008年7月14日，武文斌同志被授予"抗震救灾英雄战士"荣誉称号，同年被评选为"2008年感动中国人物"之一。

【赏析指导】

"5·12"，一个让所有中国人都不再愿意提起的黑色回忆。一刹那间，天在摇地在晃；一刹那间，多少生离死别在上演；一刹那间，又有多少英雄事迹给予人无穷力量！他，年轻的武文斌，仅仅只有26岁，在那一场天崩地裂中，用不屈的脊梁，用英雄，这个用生命换来的词眼，完成了人生最后的谢幕。

连续高强度的工作使武文斌在抗震救灾的第一线倒下了。他年轻的、盛满对祖国人民的热爱的心脏，在那场大地震中，停止了跳动，数万灾区群众自发地为他送行。"感动中国"推选委员于丹这样评论他："牺牲"在今天的语境中已经有些陌生，武文斌是一个英雄主义渐行渐远时代下真正的英雄。

是的，武文斌是一个英雄，是一个用青春和热血书写出的英雄，他值得我们由衷地赞美。同学们，岁月如梭，青春更是短暂、易逝的，我们无法把握住生命的长度，也就只能把握住生命的宽度。武文斌用他的生命诠释了奉献、责任和爱这几个词语的意义和重要性。有了爱，我们的心中才会充满阳光；有了奉献，我们才会在平凡的一生中感知到伟大的意义；只有担当起责任，才能够顶天立地地做人。

（三）经典著作研读

1. 经典著作:《弟子规》

【著作文本】

弟子规

【总叙】

弟子规　圣人训　首孝悌　次谨信　泛爱众　而亲仁　有余力　则学文

【入则孝】

父母呼　应勿缓　父母命　行勿懒　父母教　须敬听　父母责　须顺承
冬则温　夏则凊　晨则省　昏则定　出必告　反必面　居有常　业无变
事虽小　勿擅为　苟擅为　子道亏　物虽小　勿私藏　苟私藏　亲心伤
亲所好　力为具　亲所恶　谨为去　身有伤　贻亲忧　德有伤　贻亲羞
亲爱我　孝何难　亲憎我　孝方贤　亲有过　谏使更　怡吾色　柔吾声
谏不入　悦复谏　号泣随　挞无怨　亲有疾　药先尝　昼夜侍　不离床
丧三年　常悲咽　居处变　酒肉绝　丧尽礼　祭尽诚　事死者　如事生

【出则悌】

兄道友　弟道恭　兄弟睦　孝在中　财物轻　怨何生　言语忍　忿自泯

或饮食　或坐走　长者先　幼者后　长呼人　即代叫　人不在　己即到
称尊长　勿呼名　对尊长　勿见能　路遇长　疾趋揖　长无言　退恭立
骑下马　乘下车　过犹待　百步余　长者立　幼勿坐　长者坐　命乃坐
尊长前　声要低　低不闻　却非宜　进必趋　退必迟　问起对　视勿移
事诸父　如事父　事诸兄　如事兄

【谨】

朝起早　夜眠迟　老易至　惜此时　晨必盥　兼漱口　便溺回　辄净手
冠必正　纽必结　袜与履　俱紧切　置冠服　有定位　勿乱顿　致污秽
衣贵洁　不贵华　上循分　下称家　对饮食　勿拣择　食适可　勿过则
年方少　勿饮酒　饮酒醉　最为丑　步从容　立端正　揖深圆　拜恭敬
勿践阈　勿跛倚　勿箕踞　勿摇髀　缓揭帘　勿有声　宽转弯　勿触棱
执虚器　如执盈　入虚室　如有人　事勿忙　忙多错　勿畏难　勿轻略
斗闹场　绝勿近　邪僻事　绝勿问　将入门　问孰存　将上堂　声必扬
人问谁　对以名　吾与我　不分明　用人物　须明求　倘不问　即为偷
借人物　及时还　后有急　借不难

【信】

凡出言　信为先　诈与妄　奚可焉　话说多　不如少　惟其是　勿佞巧
奸巧语　秽污词　市井气　切戒之　见未真　勿轻言　知未的　勿轻传
事非宜　勿轻诺　苟轻诺　进退错　凡道字　重且舒　勿急疾　勿模糊
彼说长　此说短　不关己　莫闲管　见人善　即思齐　纵去远　以渐跻
见人恶　即内省　有则改　无加警　唯德学　唯才艺　不如人　当自砺
若衣服　若饮食　不如人　勿生戚　闻过怒　闻誉乐　损友来　益友却
闻誉恐　闻过欣　直谅士　渐相亲　无心非　名为错　有心非　名为恶
过能改　归于无　倘掩饰　增一辜

【泛爱众】

凡是人　皆须爱　天同覆　地同载　行高者　名自高　人所重　非貌高
才大者　望自大　人所服　非言大　己有能　勿自私　人所能　勿轻訾
勿谄富　勿骄贫　勿厌故　勿喜新　人不闲　勿事搅　人不安　勿话扰
人有短　切莫揭　人有私　切莫说　道人善　即是善　人知之　愈思勉
扬人恶　即是恶　疾之甚　祸且作　善相劝　德皆建　过不规　道两亏
凡取与　贵分晓　与宜多　取宜少　将加人　先问己　己不欲　即速已
恩欲报　怨欲忘　报怨短　报恩长　待婢仆　身贵端　虽贵端　慈而宽
势服人　心不然　理服人　方无言

【亲爱仁】

同是人　类不齐　流俗众　仁者希　果仁者　人多畏　言不讳　色不媚
能亲仁　无限好　德日进　过日少　不亲仁　无限害　小人进　百事坏

【余力学文】

不力行　但学文　长浮华　成何人　但力行　不学文　任己见　昧理真
读书法　有三到　心眼口　信皆要　方读此　勿慕彼　此未终　彼勿起

宽为限　紧用功　工夫到　滞塞通　心有疑　随札记　就人问　求确义
房室清　墙壁净　几案洁　笔砚正　墨磨偏　心不端　字不敬　心先病
列典籍　有定处　读看毕　还原处　虽有急　卷束齐　有缺坏　就补之
非圣书　屏勿视　蔽聪明　坏心志　勿自暴　勿自弃　圣与贤　可驯致

【研读指导】

《弟子规》原名《训蒙文》，原作者李毓秀是清朝康熙年间的秀才。《弟子规》采用《论语》"学而篇"第六条："弟子入则孝，出则悌，谨而信，泛爱众而亲仁。行有余力，则以学文"的文义以三字一句，两句一韵编纂而成。它分为五个部分，具体列述弟子在家、出外、待人、接物与学习等方面应该恪守的守则规范。后来，清朝贾存仁修订改编《训蒙文》，并改名《弟子规》。

该书集中国传统家训、家规、家教之大成，也是当今社会做人的基本教导守则。它所倡导的通过学习、力行以达到家庭和睦、社会和谐，是人生第一规，是做人的根本！

2. 经典著作:《道德情操论》

【著作文本】

道德情操论（节选）

亚当·斯密

真正坚强和坚定的人，在自我控制的大学校中受过严格训练的聪明和正直的人，在忙乱麻烦的世事之中，或许会面临派系斗争的暴力和不义，或许会面临战争的困苦和危险，但是在一切场合，他都始终能控制自己的激情；无论是独自一人或与人交往时，都几乎带着同样镇定的表情，都几乎以同样的态度接受影响。在成功的时候和受到挫折的时候、在顺境之中和逆境之中、在朋友面前和敌人面前，他常常有必要保持这种勇气。他从来不敢有片刻时间忘掉公正的旁观者对他的行为和感情所做的评介。他从来不敢让自己有片刻时间放松对内心这个人的注意。他总是习惯于用这个同他共处的人的眼光来观察和自己有关的事物。这种习惯对他来说已是非常熟悉的了。他处于持续不断的实践之中，而且，他的确不得不经常按照这个威严而又可尊敬的法官的样子，不仅从外部的行为举止上，而且甚至尽可能从内心的情感和感觉上来塑造或尽力塑造自己。他不仅倾向于公正的旁观者的情感，而且真正地接受了它们。他几乎认为自己就是那个公正的旁观者，几乎把自己变成那个公正的旁观者，并且除了自己行为的那个伟大的仲裁人指示他应当有所感受的东西之外，他几乎感觉不到其他什么东西。

在这种情况下，每个人用以审察自己行为的自我满意的程度，是较高还是较低，恰与为获得这种自我满意所必须的自我控制的程度成比例。在几乎不需要自我控制的地方，几乎不存在自我满意。仅仅擦伤了自己手指的人虽然很快就似乎已经忘掉这种微小的不幸，但是他不会对自己大加赞赏。在一次炮击中失去了自己的一条腿，片刻之后其谈吐举止就像惯常那样冷静和镇定的人，由于他做到了更高程度的自我控制，所以他必然感到更高程度的自我满意。对大多数人来说，在这种偶发事件中，他们对自己的不幸天然产生的看法，就像完全忘却有关其他各种看法的一切思想那样，将带着如此鲜明强烈的色彩，强行出现在他们的心中。除了自己的痛苦和恐惧之外，他们不会有其他什么感受，他们不可能注意到其他什么东西；他们不仅完全忽视和不去注意内心这个想象出来的人的评价，而且完全忽视和不去注意可能恰好在场的现实的旁观者们的评价。

造物主对处于不幸之中的人的高尚行为给予的回报，就这样恰好同那种高尚行为的程度相一致。她对痛苦和悲伤的辛酸所能给予的唯一补偿，也这样在同高尚行为的程度相等的程度上，恰好同痛苦和悲痛的程度相适应。为克服我们天生的情感所必需的自我控制的程度愈高，由此获得的快乐和骄傲也就愈大；这种快乐和骄傲决不会使充分享受它们的人感到不快。痛苦和不幸决不会来到充塞着自我满足之情的心灵之中；斯多葛学派说，在上面提到的那种不幸事件中，一个聪明人的幸福在各方面都和处于任何其他环境所能享有的幸福相同，虽然这样说也许太过分了，然而，至少必须承认，这种自我赞扬之中的全部享受，虽然不会完全消除，但一定会大大减轻他对自己所受苦难的感觉。

在痛苦如此突然来临时——如果允许我这样提及它们的话——我认为，最明智和坚定的人为了保持自己的镇定，不得不做出某种重大的甚至是痛苦的努力。他对自己的痛苦天然具有的感觉，他对自己的处境天然具有的看法，严酷地折磨着他，而且不做出极大的努力，他就不能够把自己的注意力集中在公正的旁观者所会具有的感觉和看法上。两种想法同时呈现在他面前。他的荣誉感、他对自己尊严的尊重，引导他把自己的全部注意力集中到一种看法上。他那天生的、自发的和任性的感情，不断地把他的全部注意力转移到另一种看法上。在这种情况下，他并未把自己看成同想象中的内心那个人完全一致的人，也没有使自己成为自己行为的公正的旁观者。他心中存在的这两种性质不同的看法彼此分离互不相同，并且每一种都导致他的行为区别于另一种看法所导致的行为。当他听从荣誉和尊严向他指出的看法时，造物主确实不会不给他某种报答。他享受着全部的自我满意之情，以及每一个正直而公正的旁观者的赞扬。但是，根据造物主千古不变的规则，他仍然感受到痛苦；造物主给予的酬报虽然很大，但仍不足以完全补偿那些规则所带来的痛苦。这种补偿同他所应得到的并不相适应。如果这种补偿确实完全补偿了他的痛苦，他就不会因为私利而具有回避某种不幸事件的动机，这种不幸事件不可避免地会减少他对自己和社会的效用；而且造物主出于她对两者父母般的关心，本来就料到他会急切地回避所有这样的不幸事件。因此，他受到痛苦，并且，虽然他在突然来临的极度痛苦之中，不仅保持镇定，而且仍能沉着和清醒地做出自己的判断，但要做到这一点，他必须竭尽全力和不辞辛劳。

然而，按照人类的天性，极度的痛苦从来不会持久；因而，如果他经受得住这阵突然发作的痛苦，他不久无需努力就会恢复通常的平静。毫无疑问，一个装着一条木制假腿的人感到痛苦，并且预见到在残年必然会因某种很大的不便而继续感到痛苦。然而，他不久就完全像每个公正的旁观者看待这条假腿那样把它看成某种不便，在这种不便之中，他能享受到平常那种独处和与人交往的全部乐趣。他不久就把自己看成同想象中的内心那个人一致的人；他不久就使自己成为自己处境的公正的旁观者。他不再像一个软弱的人最初有时会显示出来的那样，为自己的木腿而哭泣、伤心和悲痛。他已充分习惯于这个公正的旁观者的看法，因而他无须做出尝试和努力，就不再想到用任何其他看法来看待自己的不幸。

所有的人都必然会或迟或早地适应自己的长期处境，这或许会使我们认为：斯多葛学派至少到此为止是非常接近于正确方面的；在一种长期处境和另一种长期处境之间，就真正的幸福来说，没有本质的差别；如果存在什么差别，那么，它只不过足以把某些处境变成简单的选择或偏爱的对象以把它们变成任何真正的或强烈的想望对象；只足以把另一些处境变成简单的抛弃对象，宜于把它们放在一边或加以回避，但并不足以把它们变成任何真正的或强烈的嫌恶对象。幸福存在于平静和享受之中。没有平静就不会有享受；哪里有理想的平静，哪里就肯定会有能带来乐趣的东西。但是在没有希望加以改变的一切长期处境中，每个人的心情在或长或短的时间内，都会重新回到它那自然和通常的平静状态。在顺境中，经过一定时间，心情就会降低到那种状态；在逆境中，经过一定时间，心情就会提高到那种状态。时髦而轻佻的洛赞伯爵（后为公爵），在巴士底狱中过了一段囚禁生活后，心情恢复平静，能以喂蜘蛛自娱。较为稳重的人会更快地恢复平静，更快地找到好得多的乐趣。

【研读指导】

《道德情操论》是一部不可多得的大师经典。它是斯密的伦理学著作，首次出版于1759年，斯密去世前共出版过六次。全书共由七卷构成，主要阐释的是道德情感的本质和道德评价的性质。斯密在该书中继承了哈奇森的道德感学说和休谟的同情论思想，形成了自己的道德情感理论。他反对神学家用天启来说明道德的根源，而把他认为是人的本性中所有的同情的情感作为阐释道德的基础。他用同情的原理来解释人类正义感和其他一切道德情感的根源，来说明道德评价的性质，并以此为基础表明各种基本美德的特征。在书中，斯密用同情的基本原理来阐释正义、仁慈、克己等一切道德情操产生的根源，说明道德评价的性质、原则以及各种美德的特征，并对各种道德哲学学说进行了介绍和评价，进而揭示出人类社会赖以维系、和谐发展的基础，以及人的行为应遵循的一般道德准则。

三、主题活动

针对大学生说道德容易，做道德事迹难的问题，开展相关主题的演讲、辩论、朗诵、征文等各类比赛，寓教育于各种活动之中，对引领同学们将道德理论融入道德践行过程中去具有十分重要的意义。我们推荐了一些主题演讲、辩论、朗诵、征文的题目，并且撰写了相关范例，供各班、院系和学校开展相关活动参考。

（一）主题演讲比赛

推荐主题

“做一个有道德的人”、“生活需要诚信”、“保护环境 爱我家园”

（二）主题辩论比赛

1. 辩题推荐

“大学生高消费是道德问题还是非道德问题”、“网络对大学生影像是利大于弊还是弊大于利”、“顺境还是逆境更有利于成才”、“金钱与道德能否齐头并进”

2. 策划方案：（范例见附录）

（三）主题朗诵比赛

1. 推荐主题

“弘扬传统美德，传承中华文明”主题朗诵、“感动、感悟、感激、感恩”主题朗诵、“塑大学生道德，扬正大之风帆”诗歌朗诵、“读雷锋日记，学雷锋精神”主题朗诵

2. 主题范例

“诚信做人，诚信考试”

各位老师，各位同学：

大家早上好！今天我演讲的题目是“诚信做人，诚信考试”。

时光飞逝，不经意间，本学期的学习生活已接近尾声，我们也即将迎来期末考试。

自古以来，考场上少不了的二字，便是诚信。诚实守信是每个学子应遵守的准则。自古以来，读书人都是以节操为本，以诚信为基。正大学子更应传承民族美德，树立道德新风，展示我校道德生活教育的成果。

有人说：“这世界上只有两件东西能引起人心深深的震动。一件是我们头上灿烂的星空，另一件是我们心中崇高的道德。”内心那些崇高的道德法则，需要我们呼唤。诚信就是其中之一。李白说“三杯吐然诺，五岳倒为轻”来形容诚信的分量比大山还重。孔子说“人而无信，不知其可”，意在“没有诚信的人，几乎是不能想象的”。卢照邻说“若有人兮天一方，忠为衣兮信为裳”，更将诚信提升到了一个立身于世无它不可的境界。

诚信如此重要，我们更应倍加珍惜，如果仅是为了相对漂亮的分数，或是逃避一时的难堪，而在自己的回忆里留下不光彩的一笔，岂不可惜？

诚信不但是一种自尊、自重、自爱，更是真实的自我、坦荡的自我、诚信的自我，是一种光荣。正如古语所说：“索物于暗室者，莫良于火；索道于当世者，莫良于诚。”有了火光，才能照亮黑暗，有了诚信，才能立足天下。诚信是人之脊梁，“山无脊梁，要塌方；虎无脊梁，莫称王；人无脊梁，别做人，做个饭袋，装米粮。”“对人以诚信，人不欺我，对事以诚信，事无不成”，我诚信，所以我美丽；我诚信，所以我自豪。真诚希望我们各位同学凭自己的辛勤汗水和真才实学，在考场上发挥出色水平，以诚信考试为荣，以违纪作弊为耻，弘扬求实学风，维护知识尊严！

即使自己的成绩不理想，也不要在考试中采取不正当的竞争手段。我们应当做一个光明磊落的人，做一个诚信的人！赢要赢得别人心服口服，输也要输得坦坦荡荡。

如果你想在考试中作弊，那么试问，你将会拿着通过丢失自己的尊严而得到的高分去炫耀吗？还是捧着那通过违背自己人格而得到的荣誉去讥讽别人的诚信！在那短暂的虚伪谎言下，所有的一切都是虚无缥缈的，生命不可能在谎言中开出灿烂的鲜花，你只会在其中堕落，如同吸食着毒品，一点一点地吞噬你自己的精神和你自己的人生！

可能你还抱有一丝幻想，想着最起码大家知道我的成绩好，而事实呢？你一直以为自己很聪明，而不知道你一直在自欺欺人，在拿自己的命运开玩笑！在拿自己的人生开玩笑！到最后你只会在亲人的失望，老师的叹息，同学的歧视下慢慢逝去。

试问：你甘心愿意自欺欺人、自食恶果吗？

你甘心承认你自己就比别人差，比别人失色吗？

你难道甘心丢失诚信，丢失自我的人格吗？

我相信我们都会说“不”！都不会接受！因为我们都渴望通过自己的努力绽放专属自己的人生七彩之花！

（四）主题征文比赛

1. 推荐主题

“公共道德与大学生成长”主题征文、“美德在身、良知在心、责任在肩”主题征文、

2. 征文范例

美德在身、良知在心、责任在肩——我们身边的道德观察

随着时代的不断前行，科学技术的发展，人们的生活水平日益提高了。可是在我们身边，却有各种各样的有违道德良知与责任的事情发生。作为当代的大学生，我们有必要扛起提升公民道德素质这面大旗，让这个属于我们的时代重见道德的阳光！

既然肩负起这个责任了，那么，我们应该怎么做呢？在我看来，榜样的力量是无穷的，让我们在时间的长河中停驻，看一看，我们的榜样都是怎样做的。

“当他还是一个孩子的时候，就对另一个更弱小的孩子担起了责任，就要撑起困境中的家庭，就要学会友善、勇敢和坚强，生活让他过早地开始收获，他由此从男孩开始变成了苦难打不倒的男子汉，在贫困中求学，在艰辛中自强，今天他看起来依然文弱，但是在精神上，他从来是强者。”

这段话大家应该很熟悉了，没错，它说的就是“2005年感动中国十大人物”中的——洪战辉。他的家庭从他12岁那年开始就变得支离破碎，母亲的出走，父亲的疾病，使家里所有的重担都压在了他那稚嫩的肩膀上。为了挣钱养家，他像大人一样，做小生意，打零工，拾荒，种地。生活让小小地他过早地长大了。而13岁的时候，疯疯癫癫的父亲在外面捡回一个女婴，也就是他的妹妹，从此，家里的开支又多了一分。

可是他没有就此放弃，他心中有一个坚定不移的梦想，他要上学。可是一个只有十几岁的孩子，哪能挑得起这么沉重的担子啊！他利用课余时间卖笔、书、磁带、鞋袜，在学校附近的餐馆做杂工，周末还要赶回家浇灌8亩麦地。在兼顾学业和谋生之时，他牺牲了几乎所有的休息时间。就这样一步一步地，洪战辉靠自己独立完成了从初中到高中的学业。2006年，他更是以优异的成绩考入中南大学。

或许一个孩子坚持十几年照顾自己的家庭算是一种责任的话，那么照顾捡来的妹妹就是关乎一个人的道德与良知了。他没有因为妹妹是捡来的就对她如何如何，而是真正做到了一个哥哥应该做的事，就像颁奖词中说的那样，当他还是一个孩子的时候，就对另一个更弱小的孩子担起了责任。他认为既然妹妹来到了他的家，那么她就是他们家的一员，没有任何的理由放弃自己的家人。或许，如果没有妹妹的“拖累”，洪战辉的生活会轻松许多，但是他的选择让所有的人都为之感动。他就是我们身边的，道德模范，是我们作为中南学子的骄傲。我相信，有这样的榜样在我们的身边，代表着时代的精神的我们，一定会在走向社会的时候，将更多的感动带给这个世界！

中国古代的哲学家们都是有大智慧的，他们曾经提出的四维：礼、仪、廉、耻，和五常：仁、义、礼、智、信，以及四字：忠、孝、节、义，还有三达德：智、仁、勇，最后的八德：忠孝、仁爱、信义、和平，都对当代人有很大的启示作用。

打个比方，五常：仁义礼智信是儒家伦理文化架构的基础之一。而到了今天，它的一些闪光点依然没有磨灭，它告诉我们要重视主观意志力量，注重气节、品德，自我节制、发奋立志，强调人的社会责任和历史使命。而今天追名逐利之风盛行，对于一些人来说，道德早已不是能够束缚他们的了，现如今，像清朝林则徐那样“苟利国家生死以，岂因祸福避趋之”的人是越来越少了。面对这一现状，我们是不是应该真切地思考，我们该怎么做。

作为大学生，我们在社会实践方面有一定的优势。我觉得，我们可以在业余时间一起去参观革命遗址，或者开展关于道德和良知的演讲之类的活动，这不仅可以带动我们身为学生的积极性，还能将影响扩散，对社会都是有所帮助的。

日本著名的企业家吉田忠雄在回顾自己的创业成功经验时说过，为人处事首先要讲求诚实，以诚待人才会赢得别人的信任，离开这一点，一切都成了无根之花，无本之本。

在创业的初期，他曾经做过一家小电器商行的推销员。开始时，他做得并不顺利，很长时间业务并没有什么起色，但他并没有灰心，而是坚持做下去。有一次，他推销出去了一种剃须刀，半个月内就同二十几位顾客做成了生意，但是后来，他突然发现，他所推销的剃须刀比别家店里的同类型产品价格高，这使他深感不安。经过深思熟虑，他决定向这二十几位顾客说明情况，并主动要求退还价款上的差额。他的这种以诚待人的做法深深感动了客户，他们不但没收回价款差额，反而主动要求向吉田忠雄订货，并在原有的基础上增添了许多新品种。这使吉田忠雄的业务数额急剧上升，他很快得到了公司的奖励，这为他以后创办公司打下了良好的基础。

如果没有了诚信，我们这个社会将会是什么样？恐怕是难以想象的吧。在创业初期，吉田忠雄不过是个普通人罢了，但是他能够将诚实守信作为自己的人生准则，职业操守，这便不是一般人可以做到的。如果我们站在他的角度上，能否做到和他一样呢？这是一个值得思考的问题啊。

（五）主题班会和团日活动

1. 推荐主题

“青春在道德中闪光”主题班会、“职业道德之探讨”主题班会、“感恩常在，幸福常在”感恩节日活动。

2. 主题范例

“感恩铭记，完美人生”主题班会策划书

（1）班会主题:感恩铭记，完美人生。

（2）召开时间：2012 年 3 月 11 日 7：00。

（3）活动地点：西区教学楼 606 教室。

（4）主持人：王杰、王迎利、吴瑞雪。

（5）活动对象：7、8、9 班全体同学。

（6）应到人数：109 人　实到人数：109 人。

（7）活动背景：感恩，一个永远说不完但值得永远说的话题；感恩，是人性中善良一面的真切写照。生命中有太多值得我们去感谢的，父母、朋友、师长，还有培育我们的祖国和自然。然而，许多人缺乏感恩的心，因此我们想借大家参与“感恩的心”主题班会这一契机，以开展关于感恩的一系列活动为重点，从实际行动入手，使同学们在体验中成长。通过本次班会，引导学生抒发真情实感，懂得爱的无私、伟大、纯洁，激发学生爱的情感。

（8）活动目的。

① 在全班范围内开展以“感恩”为主题的活动，使学生更多地接触和了解中华民族的传统美德，提高学生的人文素养。

② 这次主题班会使学生都能怀着一颗感恩的心去对待身边的人、体会身边的事。激励学生对照自己平时的行为去学会感恩，促使他们用实际行动去知恩、感恩、报恩。

③ 这次主题班会使学生能够体会父母的辛劳，能缩短他们与父母的心理距离，明白孝敬父母的道理；学会如何与父母沟通，用实际行动报答父母的养育之恩。

④ 这次主题班会使学生能够感受老师的艰辛，体谅老师的不易，用感恩之情回报老师的敦敦教导。

⑤ 引导每位学生能够在日常生活中用一颗宽容和感恩的心去关心、帮助别人，做到互助互爱，进一步提高学生的集体主义感，促进班级的建设，使学生在一个良好的环境中不断学习、不断成长。（本次活动以学生自由组织为主，充分发挥学生的主观能动性和班干部的积极作用）

（9）注意事项。

① 晚上7：00班会准时召开。

② 由主持人来引出此次班会的主题。（注：主持人由学生担任）

③ 班会进行次序良好，教室黑板布置合理。

④ 在他人发言时，在场的同学们不要交头接耳、不要玩手机，要以良好的态度对待班会，在游戏互动时，要积极踊跃参加。

⑤ 不要在公共场合乱丢果皮纸屑等垃圾。

⑥ 在活动期间组织内容积极健康、有趣味性的节目。

⑦ 关于本次班会的未尽事宜由班委另行通知，以便下次更改。

（10）活动开篇语。

感恩是人性真善美的体现，是文明的象征。只有懂得感恩的人，才会懂得尊重他人，才会懂得回报父母，才会懂得报答学校、社会和国家。感激生育你的人，因为他们使你体验生命；感激抚养你的人，因为他们使你不断成长。感激帮助你的人，因为他们使你渡过难关。感激关怀你的人，因为他们给你温暖。感激鼓励你的人，因为他们给你力量。感激教育你的人，因为他们开化你的蒙昧。凡事感激，学会感激，感激一切使你成长的人！请珍惜生命，珍惜你所拥有的一切，请珍惜他人为你的努力和付出，请常常抱有一颗感恩的心。让我们用一颗感恩的心感激生活带给我们的一切。

（11）活动流程。

① 主持人介绍本次活动到场的各位老师、领导，并宣布“感恩铭记，完美人生”班会开始。

② 辅导老师张涛致辞。

③ 播放图片（DV）让学生观赏，随后让学生谈谈自己的想法。

④ 在我们这个国家中，还存在着一个特殊而庞大的群体。也许，在座的当中有很多都与他们有着密不可分的联系，他们就是外表朴素、内心善良的农民工兄弟姐妹，他们像新时代的“游击队”，从一个城市流动到另一个城市，为我们留下了更适合生活的根据地。在此，我们不能不对这些艰苦劳动的他们感恩，肃然起敬，由衷地说一声“辛苦了”！下面让我们看一下发生在公交上的有关他们的故事，请看《公交谐奏曲》。

⑤ 现场互动：说句心里话（以击鼓传花的形式让同学们说出平时难以向父母表达的感恩之语，让所有人都体会父母的辛劳）。

⑥ 海南民歌《天下父母情》 演出者：李宏伟（以独唱的形式，用歌声表达子女对父母的感谢之情）。

⑦ 合唱《世上只有妈妈好》 领唱：徐萧（全班同学共同演唱一首简单的儿歌，用心体会母亲付出的爱）。

⑧ 《懂你》演出者：王杰（我们始终是父母心中的孩子，一生情，一辈子，只有他们能真真切切地理解我们。一首深情的《懂你》愿天下的孩子能读懂父母的心）。

⑨ 现场互动：一封感恩的书信（万水千山总是情，相隔万里，就让这封感恩的信化作一只满载亲情的小船，送去我们对父母的爱和感激之情）。

⑩ 集体倡议书以及横幅签字（简简单单的几句话，让我们发出对父母爱的承诺：用我们的一生来回报父母）。

⑪ 辅导员总结。

⑫ 现场互动：大家一起聆听歌曲《感恩的心》，同时学习一段手语。（全班女生表演，男女两名同学旁白，讲述《感恩的心》的来历）。

女：有一个天生失语的小女孩，她的爸爸在她很小的时候就去世了。她和妈妈相依为命。妈妈每天很早出去工作，很晚才回来。每到日落时分，小女孩就会站在家门口，充满期待地望着门前的那条路，等妈妈回家。妈妈回来的时候是她一天中最快乐的时刻，因为妈妈每天都要给她带一块年糕回家。在她们贫穷的家里，一块小小的年糕却是无上的美味啊！

男：妈妈每天的早出晚归，让小女孩有了读书的机会。就这样，她一直读完了大学。在大学毕业那天，她拿着毕业证书兴高采烈地跑回家准备向她妈妈报喜。当她回到家里的时候，发现妈妈还没回家，于是她赶紧动手做饭，然后静静地等妈妈回来。可是等呀等，等到了很晚，妈妈还是没有回来。这时天空下起了很大的雨，她不由得焦急起来，赶紧跑去问邻居。邻居说她妈妈早上就出门了，要进城。女孩子听了心才安稳一些，认为这可能是太晚了，妈妈没赶上车回来。

女：就这样，女孩又继续等，一直等到了第二天将近中午。雨还没有停，妈妈还没有回，女孩不由得更加急了，于是她顺着进城的路出去寻找妈妈。她走啊走啊，走了很远，终于在路边发现了倒在地上的妈妈。这时她才知道妈妈出事了，她不由得扑了上去，使劲摇着她妈妈。她的眼泪伴着雨水奔流而下，可是她妈妈再也没有回答她……后来，她发现妈妈的一只手里还紧紧地攥着一袋年糕，另外一只手却攥着一张纸。她慢慢地把那纸打开，发现竟然是一张卖血单。这时的她才恍然大悟，为什么妈妈每天都是早出晚归，为什么自己小时候天天都能吃得上一块年糕，为什么自己的学业能那么顺利，能一直读完大学。她全明白了……

雨一直下着，泪水和雨水混在一起从她的脸上滑过，她一遍遍地用手语比划着：感恩的心，感谢有你……感恩的心，感谢命运……

男：这时，一位音乐家刚好路过，在了解了那女孩子的身世后，他深为感动，根据女孩的手语，写出了一首歌《感恩的心》。

⑬ 全体同学合唱《感恩的心》。主持人宣布活动结束。

（12）班会小结。

学会感恩，表达感恩，我们每个人都应心怀一颗感恩之心去对待身边的每一个人。在感恩之情悄悄在心中弥漫的时候，也许你会因为缺少勇气而难于把敢恩的话语说出口，也许你会因为没有机会而无法表现，也许你又会为错过了一年的感恩节而懊悔不已。为了加强感恩教育，深化大学生思想政治工作内涵，为学生的成长提供一个指导，本班级开展“感恩铭记，完美人生”主题班会，为同学们创建一个平台，营造一个契机，让同学们来表达心中的感恩之情。

我们以青春的名义宣誓：感谢父母给我生命，感谢老师给我知识，感谢同学给我友谊…… 从现在开始，用感恩心去面对生活。感恩父母，立志成才；感恩老师，发奋学习；感恩友情，团结互助；感恩社会，奉献青春。坚持到底，永不放弃！感恩父母，赐予我生命，不求回报地爱着我；感谢老师，传我知识，告诉我做人的道理，感谢朋友，在我困惑、委屈的时候给我力量。感谢走进我生命中的人，因为是你们装饰了我的人生。感谢这个世界所有值得我们感激的人。让我们常常拥有一颗感恩的心，哪怕是只是感恩的一个微笑，一句关怀，即使是不经意间的。让我们时时铭记他人的恩情，付出自己的爱心，让这个世界变得更加美好灿烂。只要我们对生活充满感恩之心，充满希望与热情，我们的社会就会少一些指责与推诿，多一些宽容与理解；就会少一些争吵与冷漠，多一些和谐与温暖；就会少一些欺瞒与松散，多一些真诚与团结，我们的精神家园将永远年轻……

陈建超

2012 年 3 月 8 日

四、学 习 交 流

同学之间的学习交流是长思想、增才干、促进自我完善的重要途径。我们通过团体素质拓展训练，能提升对道德的认知和感悟，进而达到提升践行道德的能力。观摩精品报告，能帮助我们树立正确的道德观；通过做调查问卷，可以提升人际沟通能力、交往能力和协作能力；在完成调查报告过程中，我们可以提升自己的信息检索能力、资料查阅能力及调查调研能力等。

（一）团体素质拓展训练

1. 推荐项目

“我所认为的道德”、“道德就在我们身边”、“法律、道德与高尚”。

2. 项目范例

道德在我们生活中的重要性

先组建小组，每组以寝室为单位。时间为每周的固定时间，每次间隔一周。

第一阶段：导入阶段。

（1）目标：形象地从反面来感悟没有道德的危害性。

（2）活动内容。

① 小组宣言。将班以寝室为单位，每寝室选一个代表简短地陈述本寝室的名称、特长以及本寝室的优势，还要说一句本寝室的宣言。同学们一方面看到了自己的潜力，另一方面也看到了同寝室里同学们眼中自己的优势，使小组向心力更强。

② 踊跃回答。同学按小组坐好。班主任或者辅导员在讲台上画一棵树，说：“同学们，社会就像一片森林，而我们学校就像这棵大树。在我们这所学校里有很多不道德现象时有

发生，这些不道德现象就像这棵树上的虫子一样影响着这棵树的健康和成长。来，同学们，我们每个组按顺序说出一个不道德现象，不得重复，说不出或者重复的小组则罚唱歌一首或者跳舞一曲。”每组说一个，班主任或者辅导员就在树上画一条虫子，并把这不道德现象写出来。

班主任或者辅导员总结：看来同学们对我们学校不道德现象的观察是非常敏锐的，相信同学们的眼睛是雪亮的。此次活动的目的就是让同学们学会去观察、去体悟。在我们的生活中，竟有如此多的不道德现象，小虫都挂满了整棵大树，你们说大树还能活吗？我们学校不道德的现象那么多，我们在这里生活学习能够感受到快乐吗？不能。所以，学校需要道德，家庭需要道德，社会需要道德，人更需要道德。

第二阶段：表演阶段。

（1）目标：进一步促进学生对道德作用的认识，从心灵深处接纳道德。

（2）活动内容：

恢复最初的以寝室为一小组。每个小组选择一个自己宿舍进行道德表演。

第三阶段：讨论认识阶段。

（1）目标：使成员得到进一步成长，解答生活中常见的一些有关道德的困惑，为结束活动做准备。

（2）活动内容。

① 对号入座。每人一张纸，写出自己认为在道德方面做得最好的几个方面，以及在还有待改善的地方。

② 解答在现实生活中的道德困惑。

第四阶段：结束。

（1）目标：结束活动，对活动进行评价性反馈。

（2）活动内容。

① 大家都来说。全体同学坐在一起，每组选一个代表，轮流发言。发言前，班主任或者辅导员发言，用一段话来描述你对这次活动的感受”。

② 留出时间让同学，自由交谈。

（二）精品报告

1. 入世背景下的道德建设

（1）报告人：席大民，1958 年出生，北京市人，北京大学博士学位。曾于 1996 年赴日本大阪市立大学任客座研究员。现任北京大学哲学系教授。

（2）内容简介：席教授首先讲到道德沦丧的状况已经到了非常严重的地步。他提到其中三个方面的表现：从道德素质下降的人员层次看；从道德对人的约束力来看；道德沦丧在隐蔽领域里的蔓延。第二提到入世和道德建设的关系。第三部分讲到道德建设的几个理论认识问题：第一，道德和政治的关系。道德与政治既有联系，又有区别；第二，道德建设与制度建设的关系。在道德建设与制度建设二者的关系中，道德建设起着基础的作用；第三，道德与教育的关系问题。马克思主义认为道德属于社会意识，归根结底决定于社会存在。正所谓“仓廪实而知礼节，衣食足而知荣辱”，社会意识又有相对的独立性。

（3）报告来源：《在北大听讲座》第九辑

（三）小组和班级学习交流

小组和班级学习交流是指在教师主导下，群体研讨，协作交流的一种学习方式。它不仅能培养学生的团队精神和责任感，扩大参与面，提高学生自主探索的能力，发展交往与审美的能力，还有助于因材施教，弥补一个教师难以面对众多有差异的学生的不足。将小组和班级学习交流与道德教育相结合，可以使学生的道德情感在活动中得到体验，在交流中得到升华，从而提高道德品质。小组和班级学习交流要注意以下几点：

1. 活动准备

（1）提前制定与道德相关的一个主题。

（2）将班级分为几个小组，每组八人，要求每个小组都有男生女生，选出组长一名。

（3）每个小组准备一个相机或者用手机，记录整个准备过程，并且用本子记录下感想。

（4）每次会议，老师必须到场。

2. 活动流程

（1）选好主题后，开始准备材料，包括图片、音乐、文字以及录影片段。

（2）活动开始后，由老师组织安排，先由小组长代表本组进行发言和展示成果。

（3）每个人都对此过程发表感想，老师进行点评，不仅对小组也对个人。

（4）发言点评结束以后，班级成员向老师提问，解决自己在整个过程中的疑问。如果老师认为提出的问题有价值，全班再一起进行讨论，互相交流感受。

3. 活动结束

将所有的 ppt、纸质稿件、录影备份纪念。

范例一：

大学生感恩节活动策划书范文

感恩节，虽然不是中国的传统节日，但是却相当有意义。然而，在中国，它似乎成了专门感恩父母和老师的节日。我们很容易就疏忽了那些为我们服务的默默无闻的小人物，其实他们也是值得我们尊敬和感激的。在我们身边就有这样一群人，他们穿梭在东、中、西各个校区，一遍一遍地重复着相同的路程，只为方便我们——校车司机。还有这样一群人，他们每天站在寒风中只是为保障我们的安全，他们全然不顾寒风的凛冽只为服务我们——门卫人员。所以我们也要感激他们。为此，历史文化学院外联部开始了感恩节特色活动。

（1）活动时间。

11 月 26 日（拟定），根据实际情况具体再定。

（2）活动目的。

向那些在校园里为我们服务的工作人员表达我们的谢意，借此帮助同学们培养一颗感恩他人的心。

（3）活动内容。

召集全系同学在一张用彩色纸片折成的“心形”卡片上写下自己对他们想说的话（最好一人一句），也可以折叠一些千纸鹤（最好用小绳串起来），外加一些气球，最后由各班派一些代表慰问他们，并向他们传达同学们的心意。相信他们一定会很感动。

（4）经费预算。

① 气球若干。

② 彩色卡片若干 。

③ 暖水袋6个。

范例二：

共青团海南大学委员会大学生“珍爱生命 勇担责任”安全主题活动方案

各基层团委：

2009～2010学年第二学期即将进入尾声，暑期将至，我校大部分学生将返乡并在各地开展暑期社会实践活动。为了提高同学们的安全防范意识和安全防范能力，并协助学校做好校园安全工作，根据团中央《关于组织动员团员青年积极参与维护校园安全工作的通知》（中青发〔2010〕10 号）文件的精神要求，共青团海南大学委员会将会同校级学生会、社团联合会、大学生艺术团，于5月下旬至6月下旬集中开展“珍爱生命•勇担责任”安全主题活动。具体方案如下。

（1）指导思想。

全面落实“以人为本”的科学发展观，始终坚持“安全第一、预防为主、综合治理”的方针，深入贯彻《关于组织动员团员青年积极参与维护校园安全工作的通知》，认真学习《突发事件应对法》，提高学校安全工作管理水平和广大师生安全素质，着力打造“平安校园”，确保师生安全。

（2）活动主题。

珍爱生命 勇担责任。

（3）活动时间。

2010年5月25日至6月25日。

（4）活动内容。

① 校、院团委团校“安全与责任”专题培训。校、院团委团校对全校学生干部队伍进行专门培训，主要内容包括大学生纪律教育与学风建设培训、平安校园建设培训、观看电视专题片《校园安全启示录》、优秀学生干部骨干毕业生综合素质漫谈、大学生安全教育与管理培训。

时间：5月25日至6月25日。

负责部门：校、院团委团校、校团委组织科、校团委思政科。

② 开展“珍爱生命•勇担责任”大讨论，讨论以主题团日的方式进行，要求每个团支部形成一份讨论报告提交院团委。院团委于6月22日前向校团委提交一份讨论情况总结。校团委学生干部和各学院学生团委副书记要交讨论心得，筛选后上传至团委主页进行交流学习。

时间：6月15日至6月22日。

负责部门：各基层团委。

③ 团、学、社、艺学生组织“图片展大比拼”。主要内容包括团、学、社、艺术团组织开展各项丰富多彩的活动，同时做好安全常识教育、安全预案。图片内容包括活动内容、创意、发起、申请、审批、组织、筹备、举办等流程及安全防范措施等。

时间：6月1日至6月15日。

负责部门：校级学生组织。

④ “尊重 关爱 和谐”文明行为自律导航活动。校学生会自律会组织成立校园文明督

导队，倡导文明，引导广大学生增强文明意识，提高文明素养，培养我校大学生尊重师长、关爱同学、和谐相处的良好道德品质。

时间：5月25日至6月25日。

负责部门：校学生会自律会。

（5）活动要求。

① 加强组织领导。确保领导到位、措施到位、责任落实。

② 务求活动实效。因地制宜、突出重点、务求活动实效。

③ 做好活动总结。结合学校安全检查整改落实情况，各负责部门做好活动总结。

2010年5月20日

第五章　法纪素质的培养

法纪教育是创建平安校园、和谐校园的迫切需要，是全面推进素质教育。促进学生健康成长的内在要求。目前，大学生法纪意识比较淡漠，大学生违法犯罪案件频繁发生。这引起了高校的高度重视。我们应该不断加强和改进大学生法纪教育，采取学生易于接受的形式贴近现实、贴近大学生开展法纪教育。本章主要通过领悟箴言、经典故事、影视赏析和经典著作研讨等方式给学生种下法纪素质的一粒种子，通过开展演讲、辩论、朗诵和征文等主题活动，使法纪素质的种子在学生心中生根发芽，通过学习交流，使法纪真正内化为每个学生的行为准则，成为衡量学习工作和生活是否成功的重要标准。

一、领 悟 箴 言

家有家规，国有国法，学校、单位都有规章制度。社会要稳定、要发展必须要有明确的行为规范的约束。在以法治国的过程中，不少智者对公民法纪素质的培养有许多真知灼见，写下了令人警醒的良言，我们认真去品读，一定会受益终身。

箴言文本

1. 不以规矩，不能成方圆。——孟子
2. 道私者乱，道法者治。——韩非子
3. 道之以政，齐之以刑，民免而无耻，道之以德，齐之以礼，有耻且格。——孔子
4. 天下之事，不难于立法，而难于法之必行；不难于听言，而难于言之必效。——张居正
5. 世界上的一切都必须按照一定的规矩秩序各就各位。——莱蒙特
6. 万事离不开方法，世界离不开秩序。——斯威夫特
7. 不要过分的醉心放任自由，一点也不加以限制的自由，它的害处与危险实在不少。

——克雷洛夫

8. 无道德则不能存在。——卢梭

9. 要有必要的清规戒律。——毛泽东

10. 纪律是达到一切雄图的阶梯。——莎士比亚

二、品读经典

在教育实践中，给学生营造更加真实、生动的法制教育环境，不仅需要用箴言来启迪，还需要利用现有科技手段和丰富的社会知识，从诸多方面和多个角度，立体化培养和增强学生的法纪素质。本节主要通过经典故事赏析、经典影视和歌曲鉴赏以及经典著作研讨等多种方式，向学生展示社会法纪建设的重要成果，以生动、活泼、丰富的教育形式，从正反两个方面培养和增强学生的法纪素质，给学生营造身临其境的教育氛围。

（一）经典故事赏析

故事文本

重庆师生网上贩卖国家英语四级考试答案被判四年

西南农业大学的外语教师孔某利用监考教师的身份伙同在校大学生、研究生，通过网络等方式3次贩卖大学英语四级考试答案，非法牟利19万余元，造成全国各地数百名高校学生作弊。日前，因涉嫌泄露国家机密罪，孔某等5人在重庆市北碚区法院受审。由于案情重大，合议庭没有当庭宣判。

女教师牵头　10人涉案

经查明，卷入此次大学英语四级考试答案泄密的涉案人员共10人，当日出庭受审的5名被告中，年龄最大的26岁，最小的仅22岁。“领衔”的是今年25岁的女外语教师孔某。

2001年，孔某毕业后成为西南农大教师。当年12月，第一次监考大学英语四级考试的她，发现考题提前1个小时就到了监考老师手中。利用这一漏洞，孔某计划“帮助”正在准备考英语四级的胡某等人。同时，孔某的同学杜某等3人（均另案处理）被邀做考题的枪手。

厕所拆试卷　QQ传答案

2002年6月，大学英语四级考试当天，孔某提前1个小时领到装有试题的牛皮纸信封，迅速跑到女厕所拆开。扫描完整个试卷后，孔某立即打电话将作文题目及要求告诉在网吧等候的杜某等人。与此同时，她将其中的A、B卷试题各一份抽出，交给等候一旁的陈某拿到校门口的复印店“翻制”。拿到复印件后，孔某事先安排好的3名研究生“各司其职”，半小时后，答案便炮制出来。考题答案被传给胡某，胡某再用QQ将答案传给买家。随后，买家拿着抄写好的答案进入考场。由于时间安排紧凑，并不耽误考试。

疯狂窃考题　牟利19万元

公诉机关指控，2002年6月，孔某等人采取在厕所拆试卷、QQ传答案的方式将大学英语四级考试答案贩卖给陈某等3人，非法牟利9 000余元。

第一次大功告成后，孔某等人开始疯狂作案。孔某团伙在网上发布可提供英语四、六级考试答案的帖子，还安排胡某、李某等人到重庆大学等高校散发“包搞定”名片。经查，在2002年6月、12月和2003年12月的3次作案过程中，该团伙与重庆、辽宁、广州等11个省市的买家在网上交易，共非法牟利19万余元。

法庭辩解“不知犯了法”

在法庭审理过程中，孔某等5名被告人在谈及作案动机时均表示“没想到触犯了法律”。领头的孔某当庭称，第一次作案主要是想帮朋友胡某过关，后来发现有赚钱的机会便动了“邪念”，“当时我没想太多，只认为这种行为最多是违反校纪校规。”而胡某交代，她为孔某服务主要是“回报她”，自己也想通过孔某获取今后研究生考试的英语试题答案。被告人之一的陈某是孔某的学生，她在整个作案过程中主要负责送、取试卷，由于每次作案时，孔某均将试卷用信封装好，因而她自始至终不知道自己传递的是什么。陈某说：“孔老师平时待我很好，为了回报她，她让我干啥就干啥，没想过法律的事情。”

【赏析指导】

靠出卖国家秘密换来个人私利，孔某等人为此付出了巨大代价。为了严肃英语四六级考试纪律，保证考试的公正性和权威性，国家相关部门对考试试卷有着严格的保密要求。然而遗憾的是，依然有人为了一己私利，甘冒违法犯罪的风险。

（二）经典影视和歌曲鉴赏

1. 影视鉴赏

【视频简介】

清华大学机电系四年级学生刘某先后两次用火碱、硫酸将北京动物园的五只熊烧伤，其中一头黑熊双目失明。这一故意残害动物的事件经媒体披露后，引起了公众的强烈愤慨！同时，“高材生为何会犯如此低级错误？一个‘好学生’为什么没有必然成为一名好公民？”的疑问也引发了社会各界广泛的讨论与深入的思考。

【赏析指导】

刘某作为名牌大学的学生，平日在学校表现良好，学习也很不错。他性格内向，没有什么朋友，尤其喜爱生物和化学。生活闭塞的他除了看书外，没有什么别的业余爱好。他出事后，学校的老师、同学都很吃惊，也表示惋惜，谁都没想到他会做出这样的事情来。

正因为这件事发生在高等学府，发生在“天之骄子”身上，所产生的负面影响才会如此之大，人们不由得反思高等教育存在的弊端。我们的学生从小学到大学凭的都是一纸试卷，书本知识固然很丰富，但对起码的法律知识和生活常识却知之甚少。虽然素质教育、特别是道德素质教育早已提上日程，但有些高校还没有给予足够的重视，忽视了学生的心理健康问题。高学历并不代表高素质，一个真正的人才首先应该具有健全的人格，是个心理健康的人。但遗憾的是，一些高校做得还远远不够。刘某势必将为他自己愚蠢的行为付出沉重代价。人们也该从中深刻反省，如何避免类似事件再次发生，从而使人与动物之间的关系和谐起来，使无辜的动物朋友们和人类一样接受阳光和雨露。

2. 影视鉴赏 新闻片《广州许霆案》

【视频简介】

2006 年 4 月 21 日，广州青年许霆与朋友郭安山利用 ATM 机故障漏洞取款，许取出 17.5

万元，郭取出 1.8 万元。事发后，郭主动自首被判处有期徒刑一年，而许霆潜逃一年落网。2007 年 12 月一审，许霆被广州中院判处无期徒刑。2008 年 2 月 22 日，案件发回广州中院重审改判 5 年有期徒刑。

2006 年 4 月 21 日晚 10 时，被告人许霆来到天河区黄埔大道某银行的 ATM 取款机取款。结果取出 1000 元后，他惊讶地发现银行卡账户里只被扣了 1 元，狂喜之下，许霆连续取款 5.4 万元。当晚，许霆回到住处，将此事告诉了同伴郭安山。两人随即再次前往提款，之后反复操作多次。后经警方查实，许霆先后取款 171 笔，合计 17.5 万元；郭安山则取款 1.8 万元。事后，二人各携赃款潜逃。

【赏析指导】

第一，许霆的盗窃犯意和取款行为是在自动柜员机出现异常的情况下发生的，与有预谋、有准备的盗窃犯罪相比，主观恶性相对较小。第二，许霆是利用自动柜员机出现异常，使用本人银行卡指令超出余额取款的方法窃取款项，与采取破坏性手段盗取钱财相比，犯罪情节相对较轻。根据本案具体的犯罪事实、犯罪情节和对社会的危害程度，如果依据法定量刑幅度就判处其无期徒刑仍不符合罪责刑相适应原则。考虑到许霆案的特殊情况，依照我国《刑法》第六十三条第二款关于犯罪分子虽然不具有刑法规定的减轻处罚情节，但是根据案件的特殊情况，经最高人民法院核准，也可以在法定刑以下判处刑罚的规定，对其在法定刑以下量刑，判处有期徒刑 5 年。所谓“君子爱财，取之有道”，做人一定要厚道，千万不能抱着侥幸的心理去贪小便宜，那是要吃大亏的，要付出大代价的，“许霆案”就是再好不过的例子。

（三）经典著作研读

1. 经典著作:《中华人民共和国劳动合同法》(以下简称《劳动合同法》)

【著作文本】

《中华人民共和国劳动合同法》。

【研读指导】

《劳动合同法》突出了以下内容：一是立法宗旨非常明确，就是为了保护劳动者的合法权益，强化劳动关系，构建和发展和谐稳定的劳动关系；二是解决目前比较突出的用人单位与劳动者不订立劳动合同的问题；三是解决合同短期化问题。

《劳动合同法》比较完整地保护了劳动者合法权益，在涉及劳动关系双方基本权利方面都给予了充分保障，保障劳动关系双方都有一个基本权利。劳动者在就业方面有一个自由流动、自主选择的权利，而用人单位有一个用人用工的自主权，今后不允许对劳动者的流动加以特别限制。劳动者解除劳动合同，最基本的原则是提前告知。

《劳动合同法》是调整劳动关系以及与劳动关系有密切联系的其他关系的法律。随着社会主义市场经济体制的不断完善，《劳动合同法》的地位和作用越来越受到重视。在大学生就业过程中，《劳动合同法》的作用日益凸显。实践表明，了解和掌握《劳动合同法》的一般原理和基本知识，不仅对大学生就业有直接的帮助，而且对大学生依法维护自身合法权益以及进一步的择业直至创业都将发生重要的影响。“劳动法与大学生就业研究”就是为满足大学生对《劳动合同法》知识的迫切需求而开设的课程。在教学中注重理论联系实际，力求理论阐述简明扼要，法律解释准确清晰、案例评析具体深刻。主要教学内容：劳动法概述、劳动合同、工资、劳动争议、劳动安全卫生等。

2. 经典著作《中华人民共和国婚姻法》（以下简称《婚姻法》）

【著作文本】

《中华人民共和国婚姻法》。

【研读指导】

我国《婚姻法》的基本原则共有五项：婚姻自由；一夫一妻；男女平等；保护妇女、儿童和老人的合法权益；实行计划生育。为保障这些基本原则及《婚姻法》的贯彻实施，《婚姻法》又做了六项禁止性规定：禁止包办、买卖婚姻和其他干涉婚姻自由的行为；禁止借婚姻索取财物；禁止重婚；禁止有配偶者与他人同居；禁止家庭暴力；禁止家庭成员间的虐待和遗弃。《婚姻法》还从社会主义法律和道德的一致性、法律的宣言性与导向性作用出发，明确规定夫妻应当互相忠实，互相尊重；家庭成员间应当敬老爱幼，互相帮助，维护平等、和睦、文明的婚姻家庭关系。这不仅仅是婚姻家庭关系的主体相互之间的权利义务，而且是个人对国家、对社会、对家庭的共同责任，具有丰富的法律内涵和道德底蕴。

3. 经典著作:《中华人民共和国治安管理处罚法》以下简称《治安管理处罚法》

【著作文本】

《中华人民共和国治安管理处罚法》

【研读指导】

《治安管理处罚法》与我们在校大学生密切相关的就有 30 多条。因此，每一位大学生都要时刻注意自己的行为，了解相关条文。

学生中发生最普遍的现象是盗窃。对于盗窃行为，《治安管理处罚法》做了细致的规定：一些学生丢了东西后，便怀疑是室友所为，往往一时冲动，对室友搜身。这种非法搜查他人身体的行为可以处 3 年以下有期徒刑或者拘留。保卫处要搜查他人也必须出示县一级公安机关以上发放的搜查令，否则都是违法行为。此外，处罚法还明确将超市或者其他商业机构以非法理由对顾客进行搜身的行为纳入处罚范围。

《治安管理处罚法》另一个受到关注的内容是对短信骚扰行为做了处罚规定。如今，手机在校园里的普及率已经相当高，短信收发也成了学生交流的重要方式。平时我们都会收到一些影响我们正常生活的垃圾信息，比如中奖通知等。《治安管理处罚法》第四十二条做了明确规定：多次发送淫秽、侮辱、恐吓或者其他信息，干扰他人正常生活的，可以处五日以下拘留或者五百元以下罚款；情节较重的，处五日以上十日以下拘留，可以并处五百元以下罚款。因此，作为大学生，应当正确利用手机这种通信工具，避免发生违法行为。

每年一到暑假、寒假，大学生外出打工，因为社会经验不足，很容易受骗。有些大学生想利用假期外出打工或者做家教，却被不法分子诈骗，交了所谓的手续费、介绍费、服装费等，结果不但工作没找到，连交的钱也一去不回了。到当地消费者协会或者其他投诉部门投诉，往往没什么成效。如今，《治安管理处罚法》第四十九条做了明确规定，这类诈骗行为也有法可依：以介绍工作为由诈骗财物的老板或者中介机构相关人员，处五日以上十日一下拘留，可以并处五百元以下罚款；情节较重的，处十日以上十五日以下拘留，可以并处一千元以下罚款。

《治安管理处罚法》对少数学生当中存在的斗殴、酗酒行为也做了明文规定，内容更加详细、全面，且根据实际情况而定。《治安管理处罚法》第四十三条规定，殴打他人，或者故意伤害他人身体的，将受到相应处罚，其中只要发生动手行为，不管给对方造成的伤害有多小，行为人有故意伤害他人的行为，都构成违法。《治安管理处罚法》第十四条规定，醉酒的人在醉酒状态中，对本人有危险或者对他人的人身、财产或者公共安全有威胁的，应当对其采取保护措施约束至酒醒。

三、主 题 活 动

法纪教育不是呆板的说教，不是单向的填充，而是需要通过内容丰富、形式多样的主题活动，使学生真正地参与到法纪教育的整个过程中来，它是双向的互动，而非单向的教条。本节主要通过演讲、辩论、朗诵、征文和班会等主题活动，调动学生参加法纪教育的主动性和积极性，让学生在自己主导的各类教育活动中认识自己、培养自己，不断提高法纪教育的针对性和有效性，避免使法纪教育沦为“无根之木，无源之水”。

（一）主题演讲比赛

1. 推荐主题

“法记我心、纪束我行”、“遵法纪，崇道德，炼品格”、“法纪在前，真我践行”、“法纪意识与品德修养”、“讲法纪、树新风、创和谐”。

2. 主题范例

（1）主题说明：为增强同学们的法纪观念，提高他们学法用法、遵纪守法的意识和自我保护能力，预防和减少校园暴力行为的发生、构建和谐校园，营建文明氛围，在平安的环境中茁壮成长。

（2）演讲范例：学习用法、从我做起。

学法用法，从我做起

尊敬的各位来宾：

大家好！

我是×××，今天很高兴能在这里与大家共同探讨普法工作的一些内容。我演讲的题目是：“学法用法，从我做起”。

谈到法律，我想大家都不会陌生，或多或少地对它都有一定的了解。21世纪是一个法制社会，所以我们一定要了解法律的重要性。俗话说：“没有规矩，不成方圆”，没有了法律我们的生活将无法正常地运行。也许有些人对此会不以为然，认为人应该拥有自由，而自由是由自己来决定的。做为一个社会人，你不能完全以自我为中心，不能随心所欲、为所欲为。因为在这个社会里，并不是只有你一个人，我们所拥有的自由是在法律约束下的自由，如果没有法律，或者不遵守法律，那么我们也不会拥有自由。法律和我们的生活息息相关，我们所做的每一件事都离不开它的束缚。有了法律，社会才有和平和秩序，否则我们将生活在一个混乱的世界，想象一下就知道那是一件多么可怕和痛苦的事情啊！既然法律如此重要，那我们就应该要遵守法律，遵守规则。

我想通过这么一说，大家都了解了守法的重要性了，那接下来就应该要学法了。

我们中国有句古话叫“有理走遍天下，无理寸步难行”，就是告诉我们凡事要讲道理，如果我们人人不讲理，那我们的国家将是怎样一副场面？所以我们一定要培养法律意识，提高我们的法律素质，这是非常有必要的。这就需要我们不但要好好学习法律，还要合理地运用，才能更好地遵纪守法，维护自身的利益。

新中国成立以来，一直朝着建设民主法治国家的方向在努力。国家一直在开展普法宣传教育活动，努力地提高公民的法律意识，教育公民自觉守法，并且学会使用法律武器维护自己的利益。而对于执法机关，普法的意义在于能促使执法者更公平、更公正、更合法地行使自己的工作职能，惩治违法犯罪份子，维护国家和人民的利益。

多年来，我们的普法工作取得了一定的成效，就好像电影《秋菊打官司》里的秋菊一样，有很多原来对法律一无所知的人，如今都能运用法律来寻求一个说法。随着普法宣传教育工作在全国范围内深入的开展，使得人民群众逐渐接受了法律意识的培养，并自觉自愿地运用法律。法律宣传教育之所以取得这样的成效，总结其中的一条经验，那就是大家都懂得了“学法用法，从我做起。”

应该会有很多人同意我的这个看法吧？有句古话说：“勿以善小而不为，勿以恶小而为之”。点滴小事，积累成山。别看这“学法用法，从我做起”，说着容易，可要真正做到，还是得有很强的法律意识和觉悟的。养成遵纪守法的好习惯，要从身边一点一滴的小事做起。不要小看一件小事情，它正是你素质修养的体现，或许在不经意间你就做了一个好公民，也许在不经意间你就违反了规章制度。举个再简单不过的例子，当你在过马路的时候，你有没有严格按照交通规则呢？“红灯停、绿灯行、黄灯等一等”的规定你有没有铭记在心呢？这虽然是一件小事，但也能充分体现公民的素质和修养。

我想如果人人都能从自己做起，首先自己能学法用法，遵守法律，进而再去要求他人，那就会形成大家都来学法用法，大家都遵纪守法的大好局面，这样我们的社会就会有越来越好的治安环境和社会秩序，违法犯罪活动就会大大减少，人民群众就能过上安居乐业的美好生活，我们的国家就会逐步成为健康、文明、法治的国家，这不正是我们普法的目的所在吗？

同学们，为了我们的国家，为了我们的社会，为了我们自己，请记住“学法用法，从我做起”！

我的演讲完了，谢谢大家！

（3）策划方案：（范例见附录）

（二）主题辩论比赛

1. 推荐主题

（1）正方：网络对大学生的影响利大于弊。
　　反方：网络对大学生的影响弊大于利。

（2）正方：社会安定主要靠法律维持。
　　反方：社会安定主要靠道德维持。

（3）正方：自由和纪律是统一的。
　　反方：自由和纪律是对立的。

（4）正方：书比网络更能维护法纪的传承传播。
　　反方：网络比书更能维护法纪的传承传播。

2. 主题范例

（1）主题说明：以“网络对大学生的影响利与弊”为主题展开辩论。正方观点为：网络对大学生的影响利大于弊，反方观点为：网络对大学生的影响弊大于利。论辩双方各自列举论据说明网络对大学生的影响利与弊。

（2）策划方案：（范例见附录）

（三）主题朗诵比赛

1. 推荐主题

“让法律在心间长驻”、“七彩人生，法纪导航”、“法纪，明事理”。

2. 主题范例

（1）主题说明：培养同学们的法律意识，帮助大家树立守法观念和法律信仰。增强大家的法制观念，使他们懂得遵纪守法的道理，知道如何用法律的武器来保护自己。

（2）主题范例：

让法律在心间长驻

我们生活在法制的国度，处处需有法，处处需遵法，而作为大学生，我们应该让法律在心间长驻。

因为重要，所以学法

我们从初中开始便开设了法制教育课程，法律的重要性可见一斑。通过学法，我们对法律有了逐步的认知，法制观念也由此提高。我们懂得了在法律范围内什么事该帮，什么事禁止做。怎样行使权利，如何履行义务……而假如我们是法盲，也许在触犯法律后也不知道自己的行为是违法的，由此产生的后果就必定严重了，据统计，在各类犯罪人员中，不知道什么是违法行为或不懂法的人数占总数的一半以上。所以，学习法律是我们立足于法律社会的基础，是创造美好未来的重要保证。

因为重要，所以守法

遵守法律和宪法是我们每个公民应尽的义务。俗语有云：“没有规矩，无以成方圆。”法律的制定是维护社会秩序的根本途径，所以为了社会的安定，更是为了我们自身，我们必须自觉守法。而且法律所规定的内容，必定是着眼于公民的利益，因此我们没有理由反对，没有理由不遵循，更没有理由背道而驰。虽然我们有追求个性的自由，但这并不意味我们能标新立异，无视法律的存在。与法律抗衡的结果只有一个，就是自毁前程。在我们身边，同龄人知法犯法的例子不胜枚举，而为了灿烂的明天，我们能不守法吗？

因为需要，所以用法

我们都曾做过这样的一道题目：当自身利益受到侵害时，该怎么办？回答是：用法律武器维护自己的权利。我们是这样说的，但未必能完全做到。当我们真正遇到类似的事时，经常是“大事化小，小事化了”，从而放弃了行使权利。殊不知，这种息事宁人的态度是不明智的，是纵容他人的错误行为。既然我们学习了法律，就要善于运用，以法律之矛，攻违法之盾，敢于与黑暗势力作斗争，为社会尽自己的一份力。

法律是和谐之基，有了法律社会才能发展进步；法律是文明之花，有了法律公民才能提高素养；法律是实践之果，有了法律国家才能长治久安。因此，让我们一起学法、守法、用法，让法律在我们心间长驻！

（3）策划方案：（范例见附录）

（四）主题征文比赛

1. 推荐主题

“珍惜生命，安全从我做起”、“学法纪校规、做文明大学生”、“法纪意识与品德修养”。

2. 主题范例

（1）主题说明：同学们不仅要加强法律知识的学习，增强安全法纪观念，更应注重法律素养及法治精神的培养。同时青年大学生要真正把立志、成才与成事结合起来，防止和克服“有知识没修养”、“有理想没道德”的不良倾向，坚持学习科学文化知识与加强思想修养的统一，学习书本知识与投身社会实践的统一，实现自身价值与服务祖国人民的统一，树立远大理想与艰苦奋斗的统一。

（2）主题范例：

“法纪意识与品德修养”

光阴荏苒，时光流连，曾经那些激扬的文字、满心的抱负，都会在琐碎与无奈的生活中渐去渐远。我们压抑着青春的激荡，收敛着年少的狂放，远离了憧憬的诗行，却迈向了理性，走向了成熟。在这里走过的每一位拼搏者也都深深地懂得翱翔的翅膀需要广阔的蓝天，我们需要施展才华，时代也呼唤着彪炳史册的风流人物。

作为当代大学生，我们应该如何面对纪律与法制的呢？我们今天演讲的主题“法纪意识与品德修养”就提醒我们应该有一个清醒的认识。如果说法律是限制罪恶的话，那么纪律规范的则是一种秩序。遵纪守法保障了校园里的阳光与空气。我们遵守法纪，也源于这样的觉悟，有法有纪，我们并没有失去自由，而是扔掉了枷锁与狭隘，获得了更广阔的空间。

然而，以身试法的大学生数不胜数。那些涉案的年轻人丢失和缺乏的是什么？最大的共性在于缺失做人的道德品质和个人修养。治国平天下，我们用社会主义道德规范来严格要求自己，加强品德修养，养成良好的道德品质，是大学生提高自身素质，完善自我，实现人生价值，成为社会主义现代化事业接班人和建设者的重要途径。

道德品质是人的素质的首要组成部分，包括人的思想观念和人的思想品德，主要有世界观、政治观、道德观、法纪观、人生观、心理素质等。在人的思想品德中，诚实守信又是最基本的要求。加强诚信要从自我修养做起，从个人道理品质的树立开始，就是要求我们大学生面对新的社会发展需要，切实增强自我修养意识，坚持正确的自我修养目标和原则，通过科学的修养途径和正确的修养方法，提高自己的综合素质，为自己的可持续发展和顺利成才打下良好的基础。

太多事实向我们证明：法律并不会束缚我们的理想，相反，它为我们支撑起了广阔的蓝天，“青山遮不住，毕竟东流去”！在这个“鹰击长空、鱼翔浅底，万类霜天竞自由”的时代里，让我们珍惜生命，遵纪守法，注重品德修养，我相信每个人都有翱翔蓝天的自由，每个人都能迎来美好的明天！

（3）策划方案：（范例见附录）

（五）主题班会和团日活动

通过主题班会和团日活动，对在校青少年学生进行法律知识的宣传和教育，力图在他们心目中逐步树立起正确完善的法律意识和法制观念。教育他们在学校要做遵守校规校纪的好学生，以后进入社会做知法、懂法、守法、护法的好公民，利用法律武器维护自身、他人和社会的合法权益不受非法侵犯。

1. 推荐主题

“法制安全在身边”、“真爱生命，远离毒品”

2. 活动范例

主题班会“法制安全在身边”

（1）班会时间：待定。

（2）班会地点：教室。

（3）参加人员：全班同学及辅导员。

（4）主持人：辅导员或学生干部。

（5）班会主题：法制安全在身边。

（6）目标：组织进行一次深刻的有意义的宣传法律的主题班会活动，进一步了解法规知识，加强同学们的法律观念，养成自觉遵守、维护法律的习惯。

（7）主要内容。

① 加强法纪教育，引导学生学法、守法，自觉遵守校规班纪。

② 强化安全教育，防止发生踩踏、溺水、食物中毒等事故，教育学生远离不良文化，远离诱惑，远离游戏厅、歌舞厅、网吧，远离毒品等，坚决杜绝由此引发的违法犯罪行为。

（8）形式。

印发法制学习手册，观看影视片段，采用讨论、交流方式。

（9）活动过程参考。

① 主持人开场白，宣布主题班会开始。

② 学习《中华人民共和国预防未成年人犯罪法》法律知识。（可以小组为单位进行法律知识竞答，分抽签必答和小组抢答，评选优胜小组）。

③ 看影视片段，讨论怎样处理以下行为。

画面一：包间内，乌烟瘴气，一群中学生在饮酒庆祝同学的生日。

画面二：有人跳窗入室盗窃。

画面三：一名毒品贩子正在诱骗一群中学生吸烟。

画面四：有的同学向同学强行借钱，受到拒绝就找人来打。

画面五：朋友被打了，其他人帮他打群架。

④ 辅导员总结。

⑤ 主持人宣布班会结束。主持人：愿同学们树立法律意识，让法制与我们永相随，让幸福快乐与我们永远相伴！

四、学习交流

加强法纪教育，增强法纪素质，关键是要在常规学习的基础上，积极搭建多样性的学习平台，调动学生的主动性和积极性，增强学习的趣味性和互动性。本节将通过相关案例展示、组织专题报告和开展团体素质拓展训练等方式，加强法纪素质培养的互动交流，提高学生的团队协作意识，增强学生的集体观念和法纪观念，帮助学生走出个人主义的误区，引导学生树立正确的人生观和价值观。

（一）团体素质拓展训练

团体素质拓展训练的意义在于使参训者认识自身潜能，增强自信心，改善自身形象，启发想象力与创造力，提高解决问题的能力；认识群体的作用，认识有效沟通的重要性，提高对资源有效利用的认识，增进对集体的参与意识与责任心；改善人际关系，学会关心，懂得珍惜、感恩，更为融洽地与群体合作；学会欣赏，关注他人，快乐地工作、学习和生活。下面示范一个关于法纪素质培养方面的团队素质拓展训练。

校园法纪擂台赛

（1）活动目的：向全校同学传播法律知识，增强当代大学生的法纪观念；丰富校园文化生活，提高大学生的综合素质，增强同学间的交流，并为更多同学提供展示自己的机会。

（2）活动地点：教室。

（3）活动时间：待定。

（4）参赛方式：以班级为单位，每班选 2 人参赛。剩下的同学做支持方阵。

（5）试题比例：法律法规占 50%，校规校纪 50% 。

（6）题型。

① 第一轮：选择题。

② 第二轮：判断题。

③ 中场休息：举行抽奖仪式，从前期宣传工作所分发的奖券中抽出 6 名幸运观众，并颁发奖品。

④ 第三轮：风险题。

⑤ 第四轮：抢答题。

⑥ 第五轮：法律模拟剧表演与案例分析。

⑦ 评委为第五轮各队成绩作点评。

（7）比赛细则。

① 各队有 100 分的基础分。

② 第一轮必答题：此题为二选一或三选一的选择题。每队回答两道题，以轮流的方式（即第一队一号选手回答之后是第二队一号选手回答），答对一道题得 10 分，答错不扣分。每位选手答题限时 30 秒，如果在规定的时间内未作答则以答错处理。

③ 第二轮争分夺秒判断题：限时 90 秒，由主持人持续不断地念判断题，由参赛队中的一个选手作答，每题 10 分，答对多少题则给予相应的分数，答错的题目不予以扣分，其他队员不能作补充或修改。

此轮结束后将淘汰分数最低的 3 支队伍。

④ 第三轮风险题：此轮分为两小轮，第一轮分值为 10 分、20 分、30 分。第二轮分值为 30 分、40 分、50 分。各队在各分值题中选题作答，限时 2 分钟，答对将得到选相应的分数，答错则扣去相应的分数。

此轮结束后将淘汰分数最低的 3 支队伍。

⑤ 第四轮抢答题：此轮以 30 秒为限，答题时间为 10 分钟。主持人念完一题后各队开始抢答，抢先者答对此题得 10 分，如抢先者在 30 秒内未答出题或答错题则扣 10 分。相应的题目作废。10 分钟到，答题结束。

此轮结束后将淘汰分数最低的 3 支队伍。

进行淘汰时，若出现有淘汰数目以上的队为相同的分数，则进行抢答淘汰，抢答规则同第三轮抢答题的规则。主持人念完一题后各队开始抢答，抢先者答对此题得 10 分，如抢先者在 30 秒内未答题出或答错题则扣 10 分。相应的题目作废。

为公平公正，抢答题目的总数为相应的需要淘汰的参赛队的数目。

⑥ 第五轮法律模拟剧表演与案例分析：每题 100 分。

在开赛前，法律协会和纪检部同学表演法律模拟剧，时间在 10 分钟以内，人数在 5 人以内（包括 5 人），要求剧情清晰，真情表演。

在模拟剧中有相应的案例，两个参赛队对案例进行分析，阐述自己的观点，限时 3 分钟，可相互补充，最后由评委老师根据参赛队员的回答情况点评给分。

⑦ 评奖：为了增强本次活动的竞争性，我们将采取淘汰制的方式，第二轮后淘汰分数最低的 3 个队；第三轮后淘汰分数最低的 3 个队；第四轮后淘汰分数最低的 3 个队；至第五轮，将只有 2 个队在比赛场上争夺冠军宝座。

⑧ 在擂台赛进行过程中，除抢答题和争分夺秒的其他题型，每队有两次求助机会，分别为去掉一个错误答案和现场求助观众，求助时间不超过 1 分钟。

⑨ 各班级支持方阵的纪律表现也记入最终得分，最高可加 20 分，由评委打分。

（8）奖励。

根据各队得分依次评出一等奖 1 名，二等奖 2 名，三等奖 3 名，优秀奖 4 名，最佳组织奖 1 名。

观众得奖：在活动开始前向每个院的同学随机发放一定数量的标有号码的奖券。准备两个抽奖箱，一个里面是奖品的名称，另一个是中奖券的号码。由嘉宾抽取奖券，号码中奖者获得相应的礼品。

（二）精品报告

1. 推荐报告：中国传统文化与法治现代化

（1）报告人：朱苏力，任教北京大学法律系，1999 年任法学院学术委员会主席、校学术委员会委员、法学院副院长；1999-2000 年在哈佛燕京学社和耶鲁法学院任访问学者；2001-2010 年任法学院院长。

（2）报告简介：朱教授从“法治”与“人治”的关系入题，讲解了“法治究竟是什么”、“传统社会中的法治”、“现代社会的法治”等几个方面的问题。他认为，法治表达了人们的一种渴求，希望社会要规则有序；而法律就是一种使人们生活更加有规则更加有秩序的制度。现代社会，成文法律比较多，但法律并不局限于成文法律，还包括一些风俗、习惯等，对规范人们的行为起着一定作用。因此，衡量一个社会有没有法治，并不在于它有多少成文法律，甚至有的社会当中基本上没有成文法律，也没有与这些法律相关的执法的、立法的、司法的法律机构，但实际上这些社会生活也是有秩序的。从这个意义上说，也可以说那时候是有法治的。我们今天建设的法治不是过去意义上的法治，而是一种现代的法治。

2. 推荐报告：法律运行中的不确定性因素

（1）报告人：王晨光，曾任清华大学法学院院长，现任中国法学会、法理学会副会长。

（2）报告简介：王晨光教授讲述了法律运行的三大前提，一般来讲需要考虑三个因素：事实因素、法律因素、法律运行过程中参与人的因素。法律运行过程中，律师的因素、法官的因素以及其他的规范的、不规范的人的干预因素都可以影响判决结果，因此，王晨光教授觉得这是法律运行过程的三大因素，由此也可能导致不确定性。

（三）小组和班级学习交流

范例：

班级交流会主题《踏好青春每一步》

（1）活动背景：最近，校园暴力、违法的事件频发，原因之一就是同学们法制观念薄弱，对法律法规了解太少。此外，近年来，青少年安全问题日益严峻。据不完全统计，我国 15 岁以下的青少年每年因疾病、车祸、火灾、水害、自杀、他杀等原因造成意外伤害死亡的人数近 50 万。这些潜伏在日常生活当中、随时可能降临的横祸，与缺乏法制知识、安全知识和自我保护意识有直接的关系。综上所述，加强青少年的法制安全教育已成为一个刻不容缓的重要问题。

（2）活动目的：让学生了解一些基本的法律知识，提高学生的法律意识，引导学生树立正确的人生观和价值观，正确处理人际关系，依法规范自己的行为。

（3）开展方式：观看案例视频并进行讨论。

（4）交流方式：分组讨论。

① 将班级分为几个小组，每组八人，要求每个小组都有男生女生，选出组长一名。

② 小组自由讨论 10 分钟后，由组长代表本组上台发言，表达本组对本案件的看法。

③ 辅导员作总结性发言。

（5）布置作业：让学生学习刑法的相关知识，了解更多的刑法案例。

第六章　先进文化的传承

在当今世界多极化、经济全球化不断发展和我国实行社会主义市场经济的背景下，文化越来越成为民族凝聚力与创造力的重要源泉。文化软实力已越来越成为综合国力竞争的重要因素。大学生既要积极传承先进文化，牢牢把握社会主义先进文化的前进方向，努力建设中国特色社会主义文化，又要树立社会主义共同理想，自觉遵守并奉行社会主义核心价值理念，将自己培养成为面向世界、面向未来，具备科学精神与人文精神，全面发展的“四有”新人。

我们应增强责任感和使命感，积极参与到社会主义文化强国建设的伟大实践中去，在推动社会主义文化大发展、大繁荣和文化强国建设中贡献青春、智慧和力量，努力实现我国社会主义现代化建设和中华民族伟大复兴的宏伟目标。

一、领悟箴言

古往今来，中华民族形成了以爱国主义为核心的伟大民族精神和以改革创新为核心的时代精神，在长期的积淀中，形成了代表社会主义先进文化方向的核心价值体系。诵读下列箴言，从这些平凡但智慧的语言中感受团结统一、爱好和平、勤劳勇敢、自强不息的民族精神，并时刻以与时俱进、不断开拓创新的时代精神勉励我们勤奋学习、大胆创新、自强不息、厚积薄发，为早日实现国家富强与民族振兴而努力。

箴言文本

1. 先进的文化是社会进步的动力。
2. 敏而好学，不耻下问。——《论语》
3. 勤劳创造成功，懒惰走向失败！
4. 科学是与一切迷信斗争的最好武器。

5. 足寒伤心，民寒伤国。——荀悦
6. 团结互助，爱人如己！
7. 言必信，行必果。——《论语》
8. 行得正，坐得直。
9. 奋斗虽然艰苦，果实却很香甜。
10. 道路靠自己去走，命运靠自己把握，前途靠自己选择。

二、品读经典

从远古的神话传说中感受中华民族勤劳勇敢、自强不息、艰苦奋斗的民族精神；从时代楷模的事迹中感悟以改革创新为核心的时代精神。品读大学生立足文化产业的创业故事，感受我们身边的同龄人们如何身体力行、传承先进文化。鉴赏影视和音乐作品，体悟中华民族继往开来、与时俱进的伟大复兴之路。从传统文化经典著作中感受寓言的智慧，并用以指导我们的学习和实践；认知当代大学生切实践行中国特色社会主义先进文化方向、实现中华民族伟大复兴的历史重任。

（一）经典故事赏析

1. 大禹治水

故事文本

大禹治水

大约在四五千年以前，我国黄河流域和长江流域一带居住着许多氏族部落。尧、舜、禹是黄帝以后我国黄河流域先后出现的三个很有名的部落联盟的首领。尧的发祥地是山西汾水流域，舜的部落居住在今河南的北部和中部，禹的先代开始住于河套一带，禹的时候迁至今河南西部。尧舜禹时期是我国从原始社会向奴隶社会过渡的父系氏族公社时期，人们的生产能力很低下，生活条件相当艰苦。

尧做部落联盟首领之时，黄河流域发生了特大水灾，房屋被毁，田地被淹，到处是茫茫一片的洪水，人们流离失所。很多人被无情的洪水淹死，活着的人们也不得不逃到高山上去躲避灾难。

鲧的儿子禹继承父亲的事业，与商族的始祖契、周族的始祖弃、东克族的伯益和皋陶等人一同治水。禹是个精明能干、吃苦耐劳、大公无私的人。在接受治水任务时，他刚刚和涂山氏的一个姑娘结婚。意志坚强的大禹，想起数十年来群众饱受水灾的痛苦境地，他清楚地意识到自己所肩负的重大责任，便毅然告别妻子，来到治水工地。他请来了过去治水的长者和曾同他父亲鲧一起治水的人，深刻总结了以前治水失败的经验教训。接着大禹亲自率领治水群众一起跋山涉水，把水流的源头、上游、下游详细考察了一遍，并在重要的地方堆积石块或树木作为标记，以便治水时做参考。这次考察是相当辛苦的。据说有一次他们走到山东的一条河边，突然狂风大作，乌云翻滚，电闪雷鸣，大雨倾盆，接着山洪就爆发了，一下子卷走了很多人。在无情的洪水中，很多人失踪，很多人被淹死。大禹的徒众受到惊吓并造成很大的损失，因此后人就把这条河叫徒骇河（在今山东禹城和聊城县一带）。

但大禹和他的徒众不畏艰险，经过艰苦的实地考察，对各地水情都作了认真细致的分析研究，制定了一套切实可行的方案：一方面要加固和继续修筑堤坝；另一方面，改鲧过去“堵塞”为“疏导”的办法来根治水患。原来，黄河水系有主流、支流之分，如果把主流继续加深加宽，把支流疏通并与主流相接，这样就可使所有支流的水都流向主流。把原来的高处修得更高，把原来的低地疏浚得更深，便自然形成了陆地和湖泽，再把这些大小湖泽与大小支流连接起来，洪水就能畅通无阻地流向大海了。

据考证，当时大禹治水的地区，大约位于现在的河北东部，河南东部，山东西部、南部以及淮河北部。据说有一次，大禹来到了河南洛阳南郊的一座高山，发现这座高山挡住了洪水的去路，在高山中段的缺口处形成了一个很大的漩涡，奔腾的洪水严重危害着周围百姓的安全。这座高山属于秦岭山脉的余脉，一直延续到中岳嵩山，巍峨雄姿，犹如一座东西走向的天然屏障。大禹经过认真的分析，果断地决定开山挖河。他集中了绝大部分治水的人力，开始了艰苦的挖山劳动。除了指挥外，大禹还亲自参加艰苦的劳动，为群众作出了榜样。他带着简陋的石铲、石斧、石刀、木耒等工具，粗衣淡饭，风餐露宿，夜以继日，不辞劳苦。在这艰辛的日日夜夜里，大禹的脸晒得黑黑的，手上脚上都磨出了厚厚的茧子，脚指甲也因长期泡在水里而脱落，甚至连腿肚子上的汗毛都被碱水腐蚀掉了，但他仍然不懈地指挥着、劳动着。艰苦的劳动，损坏了一件件石器、木器、骨器。治水的人力也损失了很多，有的被山石砸死了，有的在爬山时摔死了，有的被洪水卷走了。但大禹仍然鼓励大家坚持到底，身先士卒，毫不动摇，坚持劈山不止。在他的指挥和带动下，治水进展神速，一座看似坚不可摧的高山就这样被劈开，形成了两壁对峙之势，滔滔洪水由此一泻千里，向下游流去，江河从此畅通无阻了。

靠着这样坚持不懈的精神，大禹指挥人们花了6 年左右的功夫，挖通了一座又一座大山，疏通了一条又一条河渠。他公而忘私，把整个身心都用在开山挖河的事业中。据说大禹治水时三次路过家门，都没有进去。第一次他路过家门口时，他的妻子刚刚生下儿子没几天，恰巧从屋子里传来儿子哇哇的哭声，他怕延误治水，没有进去；第二次路过家门的时候，躺在妻子怀里的儿子已经会叫爸爸了，大禹想起工程紧张，治水心切，还是没有进去；第三次过家门时，儿子在门口使劲把他往家里拉，大禹深情地抚摸着儿子的头，告诉他，治水的任务还没有完成，又急急忙忙地走了。大禹为了治水“三过家门而不入”的故事被传为美谈，至今仍为人们所传颂。

大禹日日夜夜和洪水恶浪搏斗，根本顾不上休息，甚至吃饭、睡觉也舍不得耽误一分一秒。这里还有一个传说。有一次，大禹乘船来到一个岛上，饥饿难忍，就架起陶锅煮肉。肉在水中煮沸后，由于烫手无法用手抓食。为了赶在洪峰到来之前治水，大禹等不及冷却，就砍下两根树枝把肉从热汤中夹出，吃了起来。从此，为节约时间，大禹总是用树枝、细竹从沸滚的热锅中捞食。手下的人见他这样吃饭，既不烫手，又不会使手上沾染油腻，于是纷纷效仿。这就是筷子的起源。

经过十几年坚持不懈的努力，大禹用疏导的办法取得了治水的成功。治水成功之后，大禹来到茅山（今浙江绍兴城郊），召集各部落首领，论功行赏。他还组织人们发展农业生产。他派伯益把稻种分发给广大群众，让他们在气候适宜的地方种植水稻；又派后稷教给大家种植不同品种农作物的方法；还在湖泊中养殖鱼、鸭、鹅等，种植蒲草。伯益又改进了凿井技术，使农业生产有了较大的发展，水害变成了水利，到处出现了五谷丰登、六畜兴旺的繁荣景象。

【赏析指导】

大禹治水是中国远古悠久的神话传说，大禹三过家门而不入的故事至今还感染着无数的炎黄子孙。大禹在治水中表现了艰苦卓绝的作风、公而忘私的精神、坚忍不拔的意志，在炎黄子孙心目中历久弥新。它更体现了中华民族勤劳勇敢、自强不息的民族精神和扶危济困、天下为公的传统美德。我们要将这种精神和美德在当代传承下去，用中国特色社会主义理想凝聚力量，用民族精神和时代精神鼓舞斗志，唱响时代的主旋律。

2. 赤子之心，铸就蓝天龙魂——2009感动中国人物宋文骢

故事文本

赤子之心，铸就蓝天龙魂——2009感动中国人物宋文骢

宋文骢，1930年3月26日出生于云南省昆明市，原籍云南省大理。他于1960年毕业于哈尔滨军事工程学院，曾任全国武器装备系统工程管理标准化技术委员会委员，现任中国航空工业第一集团公司成都飞机设计研究所首席专家、型号总设计师、自然科学研究员。

他是我国飞机设计战术技术论证、气动布局专业组的创始人之一，主持完成了62式机战斗使用分析、布局参数选择等研究工作。开展了短间距鸭式布局研究，为我国第三代歼击机研制做了技术储备。其主持研制的歼七C飞机，实现了我国轻型全天候中高空高速歼击机的更新换代。主持研制的国家重大武器装备专项新一代战斗机，在先进气动布局、航空电子综合技术、数字式飞行控制系统、计算机辅助设计和制造技术等方面均有重大突破，取得了多项创造性成果，研制成拥有自主知识产权的第三代战斗机的设计技术。荣获国家科技技术进步二等奖、航空航天工业部科技进步一等奖、重点型号设计定型一等功、重点型号首飞特等功。

1959年，宋文骢怀着科技报国的志向和理想，踏上了中国航空工业尚未开垦的土地。

他在航空工业战线奋斗了50多个春秋，先后参加过东风113号机、歼7、歼8、歼9、歼10战机等多个飞机型号研制，担任过两个国家重点型号歼7C、歼10飞机的总设计师，取得了一系列创造性的重大成果，为我国航空工业发展、国防武器装备建设及国家安全做出了特别重大的贡献。宋文骢同志严谨求实，具有创新精神，其技术造诣、人品胆识以及他身上所表现出的强烈的爱国情感，影响着一代又一代航空新人。他还培育出了一大批站在航空科技前沿的总设计师、航电专家、飞控专家和机械、软件开发等优秀人才。

上世纪80年代中后期，我国提出要研制一种适合我国空军2000年以后作战环境的歼击机，并列为国家重大专项，代号为“十号工程”。56岁的宋文骢，被国防科工委任命为歼-10飞机总设计师。1998年3月23日，歼-10首飞成功。宋文骢喜极而泣，把自己的生日从3月26

日改成了3月23日。

60周年大阅兵时，歼-10英姿飒爽飞过天空，让世界瞩目。这是我国自行研制、具备当今世界先进水平的新一代、高性能、全天候战斗机。随着歼-10战机的研制定型，我国形成了一整套具有自主知识产权的第三代战斗机设计技术。

【赏析指导】

宋文骢将五十载春秋风华、心血和灵魂全部默默倾注给了共和国的蓝天卫士，从此，中国的蓝天上翱翔着可以与先进国家战斗机相媲美的战斗之鹰，这是中国制造。他以赤子之心铸就祖国蓝天的龙魂。他的故事体现着创新进取的时代精神，他是千千万万热爱祖国、为国家富强与民族振兴前仆后继的炎黄子孙的缩影。我们要在与时俱进、改革创新的时代精神的引领下，以中国特色社会主义共同理想砥砺我们的斗志，奋发图强、勇于创新、大胆开拓、锐意进取，为祖国的腾飞与发展开创一片新天地。

3. “85后”大学生创业者筑梦文化产业

故事文本

“85后”大学生创业者筑梦文化产业

2010年的11月，佛山2011届高校毕业生首场大型招聘会在南海东软信息技术学院（以下简称“东软学院”）举行。影视多媒体专业的大三学生小关作为志愿者在会场上跑前跑后，却不见他投出一份简历。“工字不出头嘛，我要像他一样，创业！”小关遥指着正忙着面试学生的李洪鹏。

李洪鹏2008年7月毕业于东软学院，早在2007年的夏天他就开始自主创业了。他的易陶科技有限公司需要扩大规模，于是，他便带着自己的团队回到母校招聘。在当天的招聘会上，还有8家东软学子自己创办的小型企业。

这些创业者有着明显的群体特征：“85后”，男生，大多曾在大学生创业中心历练过，创业领域均为广告、互联网、动漫等文化行业。他们有追逐财富的梦想，同时也不乏企业家的情怀和责任感。

从记者采访和接触到的十余个“85后”大学生创业者及东软学院提供的部分创业者目录来看，他们无一例外都投身现代服务业，其中以文化产业为主，如广告设计、动漫影视制作、数码视频制作、互联网等。

李汶峻也是“85”后创业者中的一员。2009年从东软学院影视多媒体技术专业毕业后，李汶峻和他的一位老师合伙创办了爱尼莫动漫公司。在他看来，日本强大的动漫产业在中国市场上所向披靡，下游的玩具厂商、服装制造商也赚得盆满钵满。而日本社会的种种观念伴随这些动画片、漫画书、卡通公仔灌输到了中国小朋友脑中，让他们对日本文化很熟悉、很亲近。更令李汶峻充满危机感的是，目前很多国产动画片重模仿、轻创意，与日本动漫产业形成强烈反差。

“我的梦想是，做中国原创的动画片，打造民族品牌。”说这话的时候，李汶峻表情很严肃。他认为，可以通过动画片将五千年中华民族文化传承下去。很多神话故事、成语故事都是原创动画片的好素材。

李汶峻不时流露出“做好原创动画片”的理想，甚至是“传播中华文化”的壮志，同时也不掩饰自己追逐财富的欲望。和李汶峻一样，不少“85后”大学生创业者虽然渴求财富，但并不认为自己是“不负责任的一代”、“垮掉的一代”，相反，他们重视“个人及自己的企业对社会的贡献”。

而另一位创业者李洪鹏说：“石湾陶，景德瓷，石湾的陶瓷文化有几千年历史，陶瓷网是传播石湾陶瓷文化的一个平台。”这是他们经营陶瓷网的动力之一。他们还想借助网络销售这一形式，完善行业销售模式，提升行业销售业绩，“这比赚钱更能证明自己的价值”。

在易陶科技有限公司400平方米的办公场所里，没有经理室、项目部、客服部、业务部等“正儿八经”的部门名号，取而代之的是都统府、军机处、骁骑营、前锋营等番号，创意无处不在。

李洪鹏说，陶瓷网和富码视频是他们旗下的公司，在富码视频，创意就是生命。“我们经常为客户做形象宣传视频、广告片、视频邮件，如果没有好的点子，客户一定会抛弃我们。”

在富码视频和易陶科技，90%以上的员工都是“85后”，他们大多是毕业不久的中专生或大专生。李洪鹏对自己下属的创新精神很满意，“他们很自我、很大胆，又不怕失败，这也就意味着，他们常常会提出令人意想不到的好创意”。

创意，是所有接受记者采访的“85后”创业者高频率使用的词汇。创新意识在他们所从事的文化产业里的重要性，由此可见一斑。在这些“85后”创业者眼中，“85后”年轻、有活力、有想法，彼此之间容易沟通。

【赏析指导】

在这批“85后”大学生创业者身上，凝聚着他们传承民族文化、打造民族品牌的梦想，体现着当代青年锐意进取、大胆创新的精神。我们要学习优秀同龄人艰苦奋斗、勇于开拓的精神，将个人理想与祖国的前途命运联系起来，用汗水和智慧拼搏我们的明天、实现我们的梦想，为开创中国特色社会主义事业新局面奉献出我们的力量。

（二）经典影视和歌曲鉴赏

1. 歌曲鉴赏：《金蛇狂舞》

【赏析指导】

《金蛇狂舞》是我国伟大的音乐家聂耳在1934年根据民间乐曲《倒八板》整理改编而成。全曲以激越昂扬的锣鼓伴奏，渲染了热烈欢腾、昂扬激奋的气氛。2008年第29届北京奥运会开幕式和闭幕式中，在运动员入场时反复演奏《金蛇狂舞》作为背景音乐，有力烘托了北京奥运会作为全世界人民的节日的欢腾气氛和浓郁的中国特色。2012年央视春节联欢晚会中，《金蛇狂舞》又被搬上舞台。它那振奋高亢的节奏不但展示了传统民乐的特色，更昭示着中华民族正在伟大复兴的道路上阔步向前、蒸蒸日上。

2. 歌曲鉴赏：《走向复兴》

走向复兴

我们迎着初升的太阳，
走在崭新的道路上。
我们是优秀的中华儿女，

谱写时代的新篇章。
我们迎着风雨向前方，
万众一心挽起臂膀，
我们要把亲爱的祖国，
变得更加美丽富强。
前进，前进，向前进，
挺起胸膛，何惧风浪；
前进，前进，向前进，
肩负民族的希望。
我们迎着灿烂的阳光，
飞向太空驰骋海洋。
我们是英雄的中华儿女，
古老文明焕发新光芒。
我们迎着胜利向前方，
振兴中华是我们的理想。
我们迈着坚定的步伐，
中国屹立在世界的东方。
前进，前进，向前进，
排山倒海不可阻挡；
前进，前进，向前进，
走向复兴创造辉煌。
前进，前进，向前进，
排山倒海不可阻挡；
前进，前进，向前进，
走向复兴创造辉煌。
走向复兴，走向复兴，
走向复兴，创造辉煌。

【赏析指导】

《走向复兴》是由我国著名曲作家印青、词作家李维福创作的歌曲。这首歌曲调激昂向上，歌词振奋人心，整首歌曲洋溢着爱国热情和时代精神，展示了中华民族在继往开来的新时代，传承先进文化、锐意进取创新的精神风貌，歌咏了中华儿女渴求民族复兴、期盼国家富强的强烈愿望，向着中华民族伟大复兴光明前景奋进的坚定决心。

3. 影视鉴赏:《闯关东》

【赏析指导】

本视频节选自曾在中央电视台播出的52集电视连续剧《闯关东》，讲述了从1904年到1931年“九一八”事变之前，一户山东人家为生活所迫，背井离乡闯关东的故事。该剧展示了一种艰苦奋斗、自强不息的民族精神，表现了敢于和磨难进行抗争的进取精神，为实现美好的人生追求，敢于置之死地而后生的拼搏精神；敢于为改变落后贫穷的面貌，无畏于陈规陋习，勇于创新、与时俱进的科学精神；扶危济困、宽容大度的人文精神。

这些精神是一个国家、一个民族不能或缺的精神，也是在新时代，需要珍视和弘扬的伟大精神。

4. 影视鉴赏："中国印·舞动的北京"

【赏析指导】

本片是北京奥运会会徽——"中国印·舞动的北京"的宣传片。"中国印·舞动的北京"是用中华民族精神镌刻、古老文明意蕴书写、华夏子孙品格铸就出的一首奥林匹克史诗中的经典华章；它简洁而深刻，展示着一个城市的演进与发展；它凝重而浪漫，体现着一个民族的思想与情怀。"中国印·舞动的北京"由三个部分构成：(1) 像一个人的"京"字中国印；(2) 汉语拼音"Beijing"和"2008"字样，象征2008年北京奥运会；(3) 奥运五环：奥林匹克精神的象征。它是中华民族图腾的延展。奔跑的"人"形，代表着生命的美丽与灿烂。优美的曲线像龙蜿蜒的身躯，讲述着一种文明的过去与未来；它像河流，承载着悠久的岁月与民族的荣耀；它像血脉，涌动着生命的勃勃活力。在它的舞动中，舞出的不仅仅是人们的热情，还舞出了奥运会"更快 、更高、更强"的理念。

"中国印·舞动的北京"融合中国书法、印章、舞蹈、绘画艺术和西方现代艺术观念。它表达了人们要表达的理念，也寄托着人们赋予它的理想。它展示了中华民族的精神风貌，它是中国的，也是世界的。

（三）经典著作研读

【著作文本】

《庄子》经典寓言故事

庖丁解牛

《庄子· 养生主》中有一则《庖丁解牛》的故事。庖丁为梁惠王表演宰牛，梁惠王看得出了神，称赞说："哈，好啊！你的技术是怎么达到这样高超的地步的呢？"庖丁放下刀对梁惠王说："我喜欢探求的是道，比一般的技术又进了一步。我开始解剖牛的时候，看到的无非是一头整牛，不知道牛身体的内部结构，不知道从什么地方下手。三年以后，我眼前出现的是牛的骨缝空隙，就不再是一头整牛。到了今天，我宰牛就全凭感觉了，不需要再用眼睛看来看去，就知道刀应该怎么运作。牛的肌体组织结构都是有一定规律的，我进刀的地方都是肌肉和筋骨的缝隙，从不碰牛的骨头，更不消说碰大骨头了。技术高明的厨师，一年换一把刀，因为他是用刀割。一般的厨师，一个月就更换一把刀，因为他是用刀砍。而我宰牛的这把刀，已经用了十九年；所宰的牛，已经有几千头，然而刀口锋利得仍然像刚在磨石上磨过一样。这是为什么呢？就因为牛的肌体组织结构之间有空隙，而刀口与这些空隙比起来，薄得好像一点厚度也没有。用没有厚度的刀在有空隙的肌体组织间运行，当然游刃有余！所以十九年过去，我的刀还跟新的一样。虽然我的技术已达到了这种程度，但我在解剖牛的时候，还是丝毫不敢马虎，总是小心翼翼，心神专注，进刀时不匆忙，用力时不过猛，牛体迎刃而解，牛肉就像一摊泥土一样从骨架上滑落到地上。这时，我才松下一口气来，提刀站立，环视一下四周，心满意足地把刀揩拭干净，收藏起来。"

梁惠王听了，高兴地说："好极了，听了你的这一席话，我从中悟到了修身养性的道理。"

老汉粘蝉

《庄子· 达生》中讲到这样一个故事：孔子前往楚国，路过一片树林，看到一个驼背老人，手里拿着一根长长的竹竿正在粘知了。老人的技术非常娴熟，只要是他想粘的知了，没有一个能逃脱的，就好像信手拾来一样轻而易举。

孔子惊奇地说："您的技术这么巧妙，大概有什么方法吧！"驼背老人说："我的确是有方法的。五六月粘知了的时候，如果能够在竹竿的顶上放两枚球而不让球掉下来，粘的时候知了就很少能够逃脱；如果放三枚不掉下来，十只知了就只能逃脱一只；如果放五枚不掉下来，粘知了就像用手拾东西那么容易了。你看我站在这里，就如木桩一样稳稳当当；我举起手臂，就跟枯树枝一样纹丝不动；尽管身边天地广阔无边，世间万物五光十色，而我的眼睛里只有知了的翅膀。外界的什么东西都不能分散我的注意力，都影响不了我对知了翅膀的关注，怎么会粘不到知了呢？"

孔子听了，回头对弟子说："专心致志，本领就可以练到出神入化的地步。这就是驼背老人所说的道理啊！"

井底之蛙

《庄子· 秋水》中讲述了井底之蛙的寓言故事。住在浅井中的一只青蛙对来自东海的巨鳖夸耀说："我生活在这里真快乐呀！高兴时，就跳到井外面，攀援到栏杆上，尽情地蹦跳玩耍。玩累了，就回到井中，躲在井壁的窟窿里，舒舒服服地休息休息。跳进水里时，井水仅仅浸没我的两腋，轻轻地托住下巴；稀泥刚刚没过双脚，软软的，很舒适。看看周围的那些小虾呀、螃蟹呀、蝌蚪呀，谁也没有我快乐。而且我独占一井水，尽情地享受其中的乐趣，这样的生活真是美极了。您为什么不进来看一看呢！"

巨鳖接受了井蛙的邀请，准备到井里去看看，但它的左脚还没有跨进去，右腿已被井的栏杆绊住了，只好慢慢地退回去。它站在井旁边给青蛙讲述海的奇观："海有多大呢？即使用千里之遥的距离来形容也表达不了它的壮阔，用千丈之高的大山来比，也比不上它的深度。夏禹的时候，十年有九年下大雨，大水泛滥成灾，海面不见丝毫增高；商汤的时候，八年有七年天大旱，土地都裂了缝，海岸线也丝毫不见降低。不因时间的长短而改变，也不因雨量的多少而增减，生活在东海，那才真正是快乐呢！"

井蛙听了，吃惊得好半天也没有说出话来。它这才知道自己生活的地方是多么渺小。

邯郸学步

赵国都城邯郸的人，擅长行走，不仅步子轻快，而且姿态也非常优美。燕国寿陵有个少年，千里迢迢来到邯郸，打算学习邯郸人走路的姿势。结果，他不但没有学到邯郸人走路的样子，而且把自己原来走路的步子也忘记了，最后只好爬着回去。

【研读指导】

中国传统文化经典著作《庄子》中的这四则寓言故事，深入浅出地向我们揭示了学习和生活的道理。《庖丁解牛》说明了：世间一切事物，都有它自身的规律，掌握了事物的规律，办事就可以得心应手。学习亦正如此，掌握了知识的规律，便能举一反三、触类旁通。《老汉粘蝉》揭示了：一个人如果能够排除外界的一切干扰，集中精力，勤学苦练，就可以掌握一门过硬的本领。《井底之蛙》通过讽喻一只固步自封、目光狭窄的井蛙，说明了人如果长期把自己束缚在一个狭小的天地里，就会变得目光短浅，自满自足。最后一则《邯郸学步》则告诉我们：全盘否定自己而去生搬硬套别人的经验，不仅学不到别人的优点，反而会丢掉自己的长处。

三、主 题 活 动

（一）主题演讲比赛

通过开展与传承优秀文化相关的主题演讲、辩论、朗诵、征文等各类比赛，引领同学们以理性思辨的态度，积极主动地思考如何践行代表先进文化的前进方向。我们应自觉主动地传承先进文化，用民族精神与时代精神塑造自己的理想信念，分清是非荣辱、明辨善恶美丑，自觉奉行社会主义核心价值体系，将理论与实践相结合、知与行相统一，养成良好的道德情操和文化修养。

以下推荐了一些主题演讲、辩论、朗诵、征文的题目，并有相关范例，供各班、院系和学校开展相关活动参考。

1. 推荐主题

“先进文化伴我成长”、“历史与今天”、“文化强国，你我同行”、“文化传承——我们的责任”。

2. 主题范例

“文化传承——我们的责任”主题演讲比赛

（1）主题说明：

以“文化传承——我们的责任”为主题进行演讲比赛。围绕如何践行中国特色社会主义先进文化与社会主义核心价值体系，结合自身实际抒发心得体会。

（2）演讲稿范例：

文化传承——我们的责任

尊敬的各位来宾，亲爱的朋友们：

大家好！我今天演讲的题目是：《文化传承——我们的责任》。

中国是四大文明古国之一。五千年悠久绵长的历史长河中，有淘洗不尽的文化遗产。北京的长城 、故宫，西安的秦兵马俑，江浙的同里，山西的平遥自不必说，即便是开埠仅百年的上海，外滩的万国建筑，城隍老街的弄堂石路，每一样都是上海历史的见证，文化的足迹。

当然，传承人类的文化遗产，离不开人们的审视——取其精华，剔其糟粕。例如，中国封建传统中的重男轻女、三纲五常、西方的唯心、君国、霸权作为人类文化思想遗产的一方面是要不得的。

中华文化是中华民族创造的，具有悠久历史，而光辉灿烂的文化，它博大精深，源远流长，充分体现了炎黄子孙的无穷智慧和宽广胸怀，是人类优秀文化互相渗透，互相促进的成果，为人类文明的演进做出了巨大的贡献。

时代在发展，一味抱着文化遗产终无所成，对待全人类的文化遗产，我们仍要创新。事实上，文化传承的过程本身就是创新的过程，我们在继承中华传统文化时，必然受到西方新思想的影响，新的文化便会在我们手中诞生。历史是发展的，终有一天，我们所创造的也会成为未来的文化遗产。我们不创新，更待何人？

中国的文化负载着弘扬中华民族历史文明的重大责任，只有坚持古为今用，推陈出新，大力弘扬中华文化的优秀传统，才能在新的历史条件下，使民族的优秀文化焕发青春和活力，成为鼓舞各族人民的精神力量，只有善于在更加开放的环境中建设中国文化，即以我为主，为我所用，又辩证取舍，择善而从，吸收借鉴国外优秀文化的有益成分，积极参与国际文化的交往和对话，才能使中国文化在世界文化之林中产生越来越大的吸引力。这样具有中国特色，中国风格，中国气派的先进文化，对内可以凝聚中国人民，成为民族自信心、自豪感的源泉；对外可以感召四海宾朋，产生不衰的文明魅力。放眼未来，在国际上，进一步展现中国文化的魅力和形象，还有赖于文化实力，特别是生产实力在全球竞争中脱颖而出。通过建设核心价值观，塑造文化的灵魂，通过知识的积累和应用锻造文化的筋骨体魄，通过发展和壮大文化产业，练就克强制胜的竞争力，通过树立雍容大度的文化形象，展示夺人的魅力。

我们必须明确：我们保护人类的文化遗产、传承文化是以现实与未来为目的的，过分脱离时代的文化终究被淘汰。

同学们，请携起手来，将散落在身边的珍珠串成最富魅力的项链，连接深邃的历史与无尽的未来，让我们努力吧，把中国推向世界，推向未来！

谢谢大家！

（3）策划方案：（范例见附录）

（二）主题辩论比赛

1. 推荐主题

（1）外来文化对民族文化发展的利与弊。

（2）践行民族精神与践行时代精神哪个更重要。

（3）理想人才是以“德”为主还是以“智”为主。

（4）当代社会应“重义轻利”还是“重利轻义”。

（5）大学生应过传统节日还是洋节。

2. 主题范例

当代社会应“重义轻利”还是“重利轻义”辩论比赛

（1）主题说明：

以“当代社会应“重义轻利”还是“重利轻义”展开辩论比赛。正方观点为“当代社会应重义轻利”，反方观点为：当代社会应“重利轻义”。

（2）策划方案：（范例见附录）

（三）主题朗诵比赛

1. 推荐主题

“诵读经典诗文，传承优秀文化”、“与时俱进、自强不息”、“知荣辱、讲正气、促和谐、树新风”。

2. 主题范例

（1）主题说明：

以“诵读经典诗文，传承优秀文化”为主题举办朗诵比赛。参赛者选择经典文学作品（文体不限）进行朗诵。通过朗诵经典感受团结统一、爱好和平、勤劳勇敢、自强不息的伟大民族精神和以改革创新为核心的时代精神，积极传承先进文化。通过本次比赛拓宽经典作品的阅读面，提高人文素质，营造文明、和谐、积极、进取的校园文化氛围。

（2）策划方案：（范例见附录）

（四）主题征文比赛

1. 推荐主题

“传承文化，爱我中华”、“传承先进文化，践行时代精神”、“弘扬民族精神、传承先进文化”、“践行‘八荣八耻’、争做四有新人”。

2. 主题范例

（1）主题说明：

以“传承文化，爱我中华”为主题举办征文比赛，征文内容围绕传承先进文化、弘扬民族精神与时代精神为主题，结合自身实际，抒发心得体会。文体不限，字数不限，要求内容联系实际，感情真挚充沛。

（2）征文范例：

“传承文化，爱我中华”

前不久，我相继观看了《李小龙》、《亮剑》、《叶问》。这几部影视作品精彩紧张，都表现了一个共同的主题——中国人民的坚强勇敢。

李小龙在美国展现中华武术的浩然正气，最后凭借真功夫，成功敲开了好莱坞的大门，改变了中国人在外国人心中 “东亚病夫”的印象；李云龙有胆有谋，敢打敢拼，在战火硝烟中表现了中国人不畏强敌的大智大勇和逢敌必亮剑的刚烈；叶问能够在腥风血雨的年代，抱着一颗报效中华的雄心壮志而发扬中华武术，展示了不屈不挠的民族精神，唤醒沉睡于国人心底的自豪。

许多年后的今天，当我的目光穿越历史的峰峦，我依然可以感受到他们的呼吸。我又看见了一群又一群的青年那一张张挂满汗水的面孔。我又听见了他们嘹亮的歌声，在荒芜的土地上回荡。他们用无怨无悔的青春，在悠悠岁月中，写着一首爱的诗篇。是的，岁月悠悠，人生漫漫，那是一首激情澎湃的诗篇；那是一片开满鲜花的风景；那是一曲气势磅礴的交响乐；那是一座壮志凌云的丰碑。

哦，国徽，是齿轮中生长的麦穗，是五星照耀下的天安门，是不屈民族的标志！赞美，有时不需要歌唱，而应该用心聆听。

国旗，是我昼夜难眠的情感，他使每个生命都庄严起来、神圣起来，沿着国旗下的路前进、前进、前进进。

国歌，是容纳了神州大地百分之百的乐感，他的每一个音节都凝聚着东方民族的骨气，他的每一个音符都能够滋生咆哮的力量！

在浩瀚的历史长河中，中华民族五千年文明书写着她永不停息的对美好幸福的追求，展示着她永不磨灭的对民主富强的探寻。她延绵的历史、灿烂的文明从来就没有中断过。

站在时代的今天，我们回望：一个民族要独立、要生存、要发展，不仅需要强大的民族经济、需要坚实的物质基础，还需要强烈的民族自信心与自尊心，需要一种更为博大深沉的民族精神。这是支撑一个民族存在与发展的强大精神动力与精神支柱。千百年来，中华民族之所以能够历经磨难而不衰，饱尝艰辛而不屈，千锤百炼而愈加坚强，一个重要原因，就是在历史的长河中形成了以爱国主义为核心的伟大民族精神。

我们是华夏儿女，炎黄子孙，是中华民族的新一代。

黄河在我们的血脉中流淌，长城让我们永远刚强，“神舟”载人飞船使我们的天地无限宽广。传承了五千年的民族精神，正等待我们去发扬光大。“团结统一、爱好和平、勤劳勇敢、自强不息”，我们的民族精神蓬勃向上，我们的明天更加辉煌。

未来属于我们，世界属于我们，让我们在中华民族伟大精神的熏陶下，刻苦学习，顽强拼搏，时刻准备着为全面建设小康社会，为中华民族的伟大复兴而努力奋斗！中国精神是我心中永远的灯塔，它将照亮我追求卓越的一生，是我永远的精神支柱。

来吧，朋友们，让我们一起把脚步加快，因为中国精神永传扬。

（3）策划方案：（范例见附录）

（五）主题班会和团日活动

1. 推荐主题

“文化产业的发展现状及对策调查”、“寻访‘中国品牌’”、“寻访红色文化”、“主题文化诗会（端午节诗会等）”。

2. 主题范例

寻访“中国品牌”

（1）目的要求。

创新是一个民族进步的灵魂，是一个国家兴旺发达的不竭动力。从“中国制造”到“中国创造”是一个艰辛的过程。通过寻访“中国品牌”的活动，同学们可以了解我国在自主创新方面取得的成绩和进步，增强对国家和民族的自豪感，感受我国在科技创新等方面存在的差距与不足，增强振兴中华、实现民族伟大复兴的责任感与紧迫感。

（2）活动步骤。

① 以每组 3 人为单位进行分组，利用课余时间寻访“中国品牌”，了解这些品牌的自主创新历程，以及它们与国外同类品牌相比较的领先与不足之处；

② 每组在班团活动中用 PPT 展示寻访到的“中国品牌”，并就调查情况作简要介绍；

③ 全体同学评选最具发展潜力的“中国品牌”；

④ 评选出本次活动中的“最佳调研奖”。

四、学习交流

本章通过团体素质拓展训练，帮助同学们养成团结互助、艰苦奋斗、不惧挫折、自强不息的精神；通过观摩精品报告，带领同学们聆听抗震救灾先进事迹报告，感受伟大的中华民族精神与时代精神，学习先进人物自强不息、顽强拼搏，万众一心、同舟共济，自力更生、艰苦奋斗的精神。通过互动学习和交流，同学将在团队协作和小组活动中进一步了解先进文化，并提高自身的信息检索能力、资料查阅能力、调查调研能力。

（一）团体素质拓展训练

1. 推荐项目

“突围与攻城”、“中华传统节日文化知识训练抢答”。

2. 项目范例

突围与攻城

训练目的：体验挫折、挑战自我，将成功与失败的经历，内化为不畏挫折、自强不息、不断超越的精神。通过团队协作，培养沟通交流、团结互助的集体意识和协作精神。

训练方式：游戏。

表 9-1　突围与攻城 团训详解

人数	全班	时间	1 小时	场地	室外空地
用具	无				
团训步骤及详解					
（1）分组 辅导员将全班学生集合起来，将学生以 10～16 人为单位进行分组。 （2）突围与攻城 每组同学手拉手围成圆圈。 每次选出两名同学为代表，在一定时间内从圈内（或圈外）突围（或攻城），其他同学设法阻拦。 各组组员依次进行体验。 （3）交流与分享 a.成功或失败的感受如何？ b.防御和进攻的感受如何？ c.成功的经验和失败的教训是什么？ d.本次团训给你最大的启发是什么？	操作详解：由事先选出的计时员为各组计时，并记录相关情况。				

（二）精品报告

1. 推荐报告：抗震救灾先进事迹报告会——31 小时生死挺进震中汶川

（1）报告人：王毅。

（2）报告简介：

本报告节选自“抗震救灾先进事迹报告会”，武警某师参谋长王毅在报告中回顾了武警战士们在“5·12”汶川大地震中舍生忘死、抢险救灾的 31 个小时。伟大的抗震救灾精神是自强不息、顽强拼搏，万众一心、同舟共济、自力更生、艰苦奋斗的精神。抗震救灾精神是全民族在共同抗击自然灾害的殊死搏斗中所形成的交汇点，是中华民族时代精神和民族精神的交汇点，是社会主义和爱国主义、集体主义的交汇点，是革命英雄主义和社会主义人道主义的交汇点。它使我们看到了，在波澜壮阔的改革开放时代，中华民族精神又一次实现了伟大的升华。

2. 推荐报告：百家讲坛——人生

（1）报告人：于丹。

（2）报告简介：

孔子在《论语》中说：“吾十五而有志于学，三十而立，四十不惑，五十而知天命，六十耳顺，七十从心所欲，不逾矩。”于丹依据传统文化经典深入浅出地分析了人生各个阶段的特征和任务，并讲述了青年人学思结合、修身养德、早日成才与自立的重要性。

（三）小组和班级学习交流

1.“中华文化优秀成果”交流讨论

以小组为单位，选择一个感兴趣的文化领域，并对该领域中的优秀成果进行资料的收集整理，制作成图文并茂的PPT，并派代表进行交流讨论。（可结合专业实际进行调研，如动漫文化产业领域等）

2.“高新科技企业”调查交流

以小组为单位，参观本市内高新科技企业，了解其发展历程及企业文化。将收集整理的资料制作成PPT，撰写相关心得体会，并在交流讨论中进行汇报。

下篇　前行在科学发展的探索中

第七章　共同富裕的追求

本章的教学，将使学生铭记关于共同富裕的经典名言，理解这些经典名言所体现出的深刻内涵；深刻领会老一辈革命家关于共同富裕的经典论述、深刻领会马克思主义经典著作关于社会主义共同富裕的精神实质，增强学生的理论修养，帮助学生理解社会主义的本质和根本任务是什么。通过组织学生参与各项主题活动，让学生了解并亲身感受改革开放以来我国社会面貌所发生的崭新变化，特别是社会主义新农村建设中涌现出来的富裕村、幸福村、文明村。在亲身参与中坚定学生走社会主义共同富裕道路的信心和决心。

一、领 悟 箴 言

实现共同富裕自古以来就是无数仁人志士的不懈追求，从古代的孔子、孟子到近代的孙中山，对共同富裕都有过深刻的论述。新中国成立后，毛泽东也对共同富裕作出了明确的表述。特别是十一届三中全会以来，我国改革开放的总设计师邓小平对共同富裕做了全面、细致的论述。这些论述，语言经典、朴实、深刻。作为当代大学生，要学习并力争记住这些经典论述，认真体会这些语言所蕴涵的深刻含义。

箴言文本

1. 丘也闻有国有家者，不患寡而患不均，不患贫而患不安。盖均无贫，和无寡，安无倾。——孔子

2. 百姓足，君孰与不足；百姓不足，君孰与足。——孔子

3. 德者，本也；财者，末也。外本内末，争民施夺，是故财聚则民散，财散则民聚。

——孔子

4. 富者田连阡陌，贫者无立锥之地；富者奢侈羡溢，贫者穷急愁苦。——董仲舒

5. 如果我们没有新东西给农民，不能帮助农民提高生产力，增加收入，共同富裕起来，

那些穷的就不相信我们。——毛泽东

6. 在逐步地实现社会主义工业化和逐步地实现对于手工业、对于资本主义工商业的社会主义改造的同时，逐步地实现对于整个农业的社会主义的改造，即实现合作化，在农村中消灭富农经济制度和个体经济制度，使全体农村人民共同富裕起来。——毛泽东

7. 社会主义的本质，是解放生产力，发展生产力，消灭剥削，消除两极分化，最终达到共同富裕。——邓小平

8. 社会主义要消灭贫穷，贫穷不是社会主义。——邓小平

9. 我们坚持走社会主义道路，根本目标是实现共同富裕。——邓小平

10. 让一部分人、一部分地区先富起来，大原则是共同富裕。——邓小平

二、品读经典

改革开放以来，在党的富民政策指引下，社会主义新农村建设取得了丰硕的成果，涌现出了一大批共同富裕的模范村镇。学习这些走共同富裕道路的成功案例，就是要深刻领会社会主义的本质就是实现共同富裕，同时激励我们要勇于拼搏，为缩小贫富差距，为家乡致富添砖加瓦。马克思、恩格斯也对共同富裕做了许多经典的论述。新中国成立后，作为中国改革开放的总设计师邓小平对共同富裕做了全面、细致的论述。共同富裕思想也贯穿于《邓小平理论》的始终，是《邓小平理论》的核心。仔细研读《邓小平理论》中关于共同富裕思想的论述，有助于我们更深刻的领会共同富裕的思想内涵。

（一）经典故事赏析

1. 营造发展环境，谋求共同富裕

故事文本

营造发展环境，谋求共同富裕

余姚市泗门镇小路下村的历史不是很长，100多年前，这里还是一片荒凉的海滩。当时外地的人们逃荒来到了这里，以捕鱼、晒盐为生，久而久之，就走出了一条通往大海的小路，村庄故而得名小路下村。小路下村曾是一个出了名的穷村，由于太穷太苦，被邻村人戏称为“翻落大队”、“破大船”。

改革开放的号角吹响以后，小路下村确立了“开拓、务实、拼搏、超越”的精神，走上了工业强村的道路。1996年，村里一家不起眼的小电线厂组建成立了宁波云环集团。如今，宁波云环集团已拥有45家成员企业，是全国乡镇中型企业，全国民营企业500强、全国同行业前10强，“云环”注册商标被评为浙江省著名商标。云环集团大力发展外向型经济发展道路。目前集团已拥有UL、GS、VDE等300多张国际认证书，云环集团的产品70%以上销往美国、日本、德国、澳大利亚等世界各地。

为实现新的经济增长点，增强自主创新能力，云环集团立足原有的产业基础，积极发展高新科技产业项目。1996年，集团投入1000多万元，与中科院北京高能物理研究所合作

开发出电子加速器，广泛用于食品的保鲜、杀菌、芯片加工、医疗器械的消毒。2000年，又投资1200多万元开发了PTEF微孔膜。PTEF微孔膜是21世纪高科技面料，具有防水、透气、防风、防紫外线等功能，还可以成功地阻隔非典病毒。这两个高科技产业项目都填补了国内的空白，属于世界领先水平，为小路下村新一轮发展插上了高科技的翅膀。

起步早，发展快、实力强的工业，改变了小路下村的面貌。如今的小路下村人大多已离开田头，走进企业，完成了从农民到产业工人的角色转变。村民住上了别墅，开上了汽车，实现了从村民到市民的转变。目前全村绿化覆盖率达到了40%以上，基本实现了“道路硬化、水面净化、灯光亮化、住宅别墅化、村庄园林化”的目标。

经济发展了，生活宽裕了，村落文化也丰富起来了。小路下村先后建成许多文化载体，有村级精神文明办公室、村级党校、党员服务中心、村级杂志社；组建了门球队、腰鼓队等业余文体团队。文化建设与经济建设相互促进，精神文明和物质文明协调发展。

虎踞龙盘今胜昔，天翻地覆慨而慷。发达的工业经济，深厚的文化内涵，开放的视野，优美的环境，和谐的氛围，小路下村走在时代和社会的前列，先后获得全国文明村、浙江省先进基层党组织、浙江省社会主义新农村建设示范村、浙江省卫生村、浙江省绿化示范村等多种荣誉称号。

【赏析指导】

过上富裕的日子，是千百年来生活在农村的人们梦寐以求的。但富裕的生活不会从天上掉下来。被称为“破大船”的小路下村之所以能在改革开放以来，迅速改变落后面貌，走上致富之路，根本在于他们较早地意识到了：农村要发展，就必须从有限的土地中跳出来，走工业强村的道路。他们办工厂，组建企业集团，把生意做到了国外，发展的路子也越走越宽。只要敢拼搏、会经营、能创新、工业生产发展的前景是无限的。也正是有了工业发展的后盾，农民的幸福生活才有可靠保障，新农村建设才能大步向前。

2. 新农村示范村夏刘寨：引领农民共同富裕的力量

故事文本

新农村示范村夏刘寨：引领农民共同富裕的力量

200多套深红色的连体别墅整齐排列；穿村而过的小河碧水流韵；路边林立的红枫和盛开的月季花沁人肺腑；繁忙的公交车来往穿梭；文化艺术中心欢声笑语……这就是安徽省宿州市埇桥区新农村示范村——夏刘寨。

10年前的夏刘寨是一个让人失望的贫困村。2000年，村集体的账户上只有7毛钱，村民年收入不足600元，80%的群众散居在土坯房里……是什么力量引领着夏刘寨村由穷到富呢？记者通过实地调查采访得出了结论：党组织的凝聚力和战斗力以及制定的一系列政策，充分释放了夏刘寨村农民生产的积极性、主动性与创新精神。

2002年，夏刘寨村党支部三次组织党员、干部、群众代表三下河南、山东参观考察先进的干杂果生产基地，一场向荒山进军的硬仗在这年冬天打响。在劳力大部分外出的情况下，以18名党员担纲的突击队带领30多名弱半劳力硬是在荒山秃岭乱石堆里整地打穴1500亩，连续三年投资近百万元，开发荒山万余亩，栽植各种干杂果树50万棵。

绿起来的山林生机勃勃。村党委在带领村民种好“经济林”、“生态林”，逐步摆脱贫穷之后，又在村里实行“公司+农户”的模式，成立了“干鲜果生产合作社”，全部山林由合作社统一管理销售，农民用山林入股，每年人均收入2000元左右。过去的荒山秃岭，如今已经变成集生态农业、观光旅游业为一体的花果山。2007年，夏刘寨被评为“全国绿色小康村”。

2008年，夏刘寨村党委打破原来的党组织设置局面，探索采取“一统六分”的模式，“一统”就是村党委发挥领导核心作用，“六分”就是党委按功能、行业分成企业、种植、养殖、综合服务等六个支部，实现组织建设与产业发展的有机结合。

他们先后成立了农村合作社、蔬菜合作社、黄桃合作社等六个专业合作社，产业链上的广大党员分别在自己的岗位上开展专业化、企业化服务。几年来，夏刘寨的糯玉米、面粉获得了中国绿色食品认证。他们打响有机产品品牌，向南京、深圳、上海等大城市配送农产品，供不应求。他们实施“双培双带”工程，全村百余名党员发挥果树栽培、良种繁育、科学养殖等一技之长，与226户村民结对子，创造出了让群众满意的业绩。

在埇桥区，夏刘寨村是第一个斥巨资为村民建房的。现在的夏刘寨新村，200多套深红色连体别墅整齐排列，每户面积达180平方米。村卫生室、幼儿园、图书室、汽车站、超市、文化活动中心等应有尽有。

全国劳动模范、全国优秀党务工作者、夏刘寨村党委书记王化东说：“应当通过党组织的行动，在落实惠民政策、带动农民共同致富、多为群众做好事实事中体现以人为本。”

【赏析指导】

建设社会主义新农村，根本目的就是千方百计增加农民收入，提升农民生活质量，使农民生活更加殷实。这就要求各地因地制宜，找准发展路子。对于多数条件一般的农村，坚持农业、工业、服务业齐头并进，不失为稳妥而积极的办法。当然，现在发展农业，不再是传统农业，而是高效农业，就像夏刘寨村，形成了以生态农业为核心的新格局。发展工业也如此。有能力自己经营的可以自己办企业，搞得好，还可不断寻求向外扩张；反过来，利用自己的厂房对外租赁、拍卖也是一条路子。总之，“兵无常势，水无常形”，只要能让农村经济发展起来，只要能让老百姓的生活富裕起来，就是好办法。夏刘寨村经过这些年的发展，积累了一定的实力，村容村貌焕然一新，村民的收入显著提高，衣食住行条件不断改善，生活水平明显上升，生活条件更加宽裕，村民的文明程度也大有提高。从根本上说，就是得益于因地制宜抓发展。

（二）经典影视和歌曲鉴赏

1. 歌曲鉴赏：《春天的故事》

【歌曲文本】

春天的故事

一九七九年那是一个春天
有一位老人在中国的南海边画了一个圈
神话般地崛起座座城
奇迹般聚起座座金山
春雷啊唤醒了长城内外

春辉啊暖透了大江两岸
啊，中国中国
你迈开了气壮山河的新步伐
你迈开了气壮山河的新步伐
走进万象更新的春天
一九九二年又是一个春天
有一位老人在中国的南海边写下诗篇
天地间荡起滚滚春潮
征途上扬起浩浩风帆
春风啊吹绿了东方神州
春雨啊滋润了华夏故园
啊，中国中国
你展开了一幅百年的新画卷
你展开了一幅百年的新画卷
捧出万紫千红的春天
啊……

【歌曲鉴赏】

《春天的故事》这首抒情歌曲传遍了全世界有华人的地方，它代表了中国人的心声，记录了一个时代的风采。歌曲描述了我国自改革开放以来长城内外、大江南北所焕发出的勃勃生机，热情讴歌了改革开放的总设计师邓小平。音乐由引子、主体、尾声三个部分构成。引子和尾声由模仿式二声部写成，旨在渲染“春天的故事”里所蕴含的深刻内涵。中间由女高音独唱的部分是歌曲的主体，音乐环环紧扣，一气呵成，描绘出改革开放的英明决策正如春风般唤醒了祖国壮丽的山山水水。作者以委婉抒情的旋律、富于变化的节奏创造出一个生动朴实的音乐主题，抒发了全国人民爱戴小平同志，歌颂美好生活的情怀。

2. 影视鉴赏 电视剧：《春暖南粤》

【视频简介】

新世纪伊始，粤东山区贫困乡梅山乡新上任的乡党委书记陈伟华凭着自己的坚韧执着和实干苦干精神，在县委方书记和组织部邓部长的大力支持下，在恋人、企业家林英琴和乡政府干部卓长富、妇联主任林玉芬及大学生李学聪、村长向大成等人的帮助和支持下，结合当地的地理环境特征，因地制宜，带领当地百姓开山种茶种果，发展“三高”农业，并创出梅山乡自己的茶叶品牌和农业产业化工程，通过产业链条带动农村经济的发展步伐，从而取得了良好经济效益。他还带领全乡百姓修筑乡村公路、改造学校危房、兴建医院、筹措资金规划农村小区建设，使贫困山乡百姓脱贫致富，走上了文明富裕的小康之路。

【赏析指导】

《春暖南粤》是为响应“建设社会主义新农村”的号召而创作的，是贯穿建设社会主义新农村和“社会主义荣辱观以及构建和谐社会”精神的主旋律作品。它讲述的是南方粤东山区莲花县贫困乡梅山乡党委书记陈伟华率领大家把贫困山乡变为富裕茶乡，走上了文明富裕的小康之路的故事。这是一本独具特色的脱贫致富经、一部世纪之交的山乡创业史、一曲执政为民的官场正气歌。《春暖南粤》将镜头对准南粤大地，以粤东地区莲花县的两个乡镇——梅山乡与花关镇，在不同领导人的带领下走上不同生活境遇的故事，塑造了一群有血有肉的当代乡土人物。电视剧戏剧冲突扣人心弦，立意高屋建瓴，题材丰富扎实，表现手法生动细腻。

《春暖南粤》形象地描绘了在科学发展观的指引下，农村实现跨越式发展的美好前景，反映了南粤人民摆脱贫困奔小康的奋斗精神。

三、主题活动

通过组织学生参加以追求共同富裕、缩小贫富差距为主题的演讲、辩论、朗诵、征文、主题班会等活动，让学生感受社会主义共同富裕的伟大成果，感受社会主义新农村建设的巨大成就，让学生充分体会社会主义初级阶段三步走战略的重要意义。与此同时，通过这些活动，全面培养学生的综合能力，提升综合素质。

（一）主题演讲比赛

1. 推荐主题

“他（她）是咱村致富的带头人”、“家乡的昨天与今天”、“我看改革开放 30 年”、“新农村建设巡礼”。

2. 主题范例

以“我看改革开放 30 年”为主题开展演讲比赛。要求参赛选手紧扣主题，紧密结合实际，认真发掘身边的动人事例，用自己的真情实感展现改革开放 30 年来城乡的巨变。

（二）主题辩论比赛

1. 辩题推荐

（1）正方：当今中国，社会发展公平更重要。反方：当今中国，社会发展效率更重要。

（2）正方：缩小贫富差距主要靠经济手段。反方：缩小贫富差距主要靠行政手段。

（3）正方：在校大学生创业利大于弊。反方：在校大学生创业弊大于利。

（4）正方：市场经济有利于道德发展。反方：市场经济不利于道德发展。

2. 主题范例

（1）主题说明：以“共同富裕的社会主义理想能否实现”为题开展辩论比赛。正方观点为：共同富裕的社会主义理想能实现；反方观点为：共同富裕的社会主义理想不能实现。

（2）策划方案：（范例见附录）

（三）主题朗诵比赛

1. 推荐主题

“改革开放 30 年成就”、“致富之路”、“从共同富裕到社会和谐”。

2. 主题范例

（1）主题说明：以“改革开放 30 年成就”为题开展朗诵比赛。30 年的征程，中华民族以崭新的姿态重新屹立于世界民族之林；30 年的沧桑巨变，30 年的光辉历程，铸就了一个民族近百年的梦想！围绕改革开放30年祖国政治、经济、文化等各个领域内变化的题材进行朗诵，讴歌改革创新的时代精神。

（2）策划方案：（范例见附录）。

（四）主题征文比赛

1. 推荐主题

“家乡的昨天、今天与明天”、“我们村里的好党员”、“我的创业梦想”、“信仰是一种力量”。

2. 主题范例

（1）主题说明：以“信仰是一种力量”为题开展征文比赛。我们每个人身边都生活着许多普通的共产党员，共产党员这个称号是一种荣誉，更是一种责任，一种信仰。在革命战争年代，无数共产党员为新中国的诞生舍生忘死，做出了惊天动地的英雄壮举；在和平年代，我们身边依然有许多共产党员在普通的工作岗位上默默奉献他们的聪明才智。他们正奋战在尖端科研的前沿；他们正带领老百姓奔向致富的大道；他们正辛勤工作在繁忙的生产线上。以在平凡岗位上做出不平凡业绩的共产党员为材料进行写作，题材不限，讴歌他们吃苦耐劳、不为名利的优秀品质，学习他们全心全意为人民服务、模范践行共产党员称号的优良品格。

（2）征文范例：

信仰是一种力量

信仰是一种坚定的力量，共产党员的信仰更是坚不可移的磐石。一个人的名字与一种精神连在一起并能够为大众所接受，古今中外屈指可数。但是，一个年轻的生命却做到了，他以自己巨大的人格魅力树立了一种精神，这就是带着春天的温暖、伴着青春的激情、像一株常青的木棉，年年吐蕊、岁岁勃发的“雷锋精神”。

作为一名共产党员，我们在宣誓的时候就知道自己的责任是“为人民服务”。也许，有些人一听到“为人民服务”就感觉是在喊口号，其实，雷锋精神归结起来就是“为人民服务”，在我的心目中，能够全心全意为人民服务的，就是优秀的共产党员！

此时此刻，我们会怀念那火热的年代。在那充满新生和希望的岁月，雷锋似乎是人们的精神支柱，是人们生活的力量源泉，人们会为做一件好事却不被别人发现而庆幸，会为帮助别人不求回报而自豪，会为自己未做好事而遗憾……那个时代，雷锋精神激励着多少人为社会主义事业舍生忘死、奋发图强。“人的生命是有限的，为人民服务是无限的，我要把有限的生命投入到无限的为人民服务中去。”雷锋的这句肺腑之言，让多少华夏儿女为之感动。人们把他看成自己学习的榜样，把他视为中国的保尔。此时，雷锋已不只是一个人，还是一种精神——他成了民族精神的象征，民族品格的精魂，民族前进的动力……那个时代，雷锋精神使社会主义中国出现了一种罕见的时代文明风貌。雷锋就是人民心中的优秀共产党员！

但是，曾几何时，雷锋渐渐从我们耳边消失，从我们眼前消失，从我们的生活中消失……

乘着三月的春风，我想再跟大家提起这个熟悉的名字，一个全心全意为人民服务的人，他就是我心目中的优秀共产党员！您一定能够记起他所说过的话：我活着只有一个目的，就是做一个对人民有用的人，当人民和祖国处在最危急的关头，我就挺身而出，不怕牺牲！

雷锋是伟大的，他的伟大，就在于他的朴素和坚持，在于他用自己力所能及的行动去证明着一个古老的美德：胸怀苍生，助人为乐，兢兢业业，克己奉公。在这个没有英雄叱咤的年代中，我们更渴望一种平静和真诚。我们呼唤雷锋，呼唤一种能给予我们现实温暖和感动的因素，呼唤一种能促使我们不断坚持的动力和行为向导，让我们原本丰富的感情不会在漠然中凋零。这是一种发自心底的最真诚的呼唤，这是源于生命最本能的渴望。这也是人民对每位共产党员的要求！

雷锋是一个平凡而伟大的战士，更是一个平凡而伟大的共产党员。雷锋精神归结起来就是为人民服务！它是一种崇高的精神，这种精神具有穿越时空的永恒魅力，具有无限的感召力，是人类心灵的共同财富和营养。今天，我们怀念雷锋，就是想要成为雷锋那样的人。在他的身上，我们看见了真诚、看见了宽容、看见了节俭、看见了执着。这些细微而往往容易被我们忽略的品质不正是我们民族生生不息、源远流长的精神本质吗？诚然，雷锋精神不断地得到深化和发展，在一代又一代人的诠释下不断地升华，它代表着先进的人生观和世界观，号召着我们“做一个对人民有用的人”，“活着就是为了使别人生活得更美好”。它是一股源远流长的精神力量，早已跨越了时代的局限，超越了自身所原有的历史局限，成为先进思想文化的重要组成部分！

“为人民服务！”这句看似简单的话，是我们每个共产党员终身的追求和坚定的信仰！只要我们在学习和工作中发扬“甘当一颗螺丝钉”的精神，脚踏实地，任劳任怨，就能为祖国的富强、民族的腾飞尽一份力、发一份光，做出应有的贡献。

（3）策划方案：（范例见附录）。

（五）主题班会和团日活动

1. 推荐主题

“先富、后富与共同富裕”、“改革开放是中国前进的动力”、“我们生活的时代”。

2. 主题范例

赢在中国，点亮人生路

（1）活动背景。

随着全国高校的扩招，以及近几年经济发展的状况，高校大学毕业生的就业形势日趋严峻，就业竞争的压力日益增大。大学生自主创业已经不是一个新鲜的话题，但大学生自主创业却依然是一个新的观念。长期以来，大学生毕业后往往习惯于被动地去求职，而很少想到主动去创业。不少毕业生在找不到满意的工作后，才会考虑创业，以至于形成了“无业才创业”的认识。实际上，鼓励大学生自主创业既可以帮助大学生实现自己的人生理想，又是实现共同富裕的重要途径。

为了鼓励大学生自主创业，各级政府先后出台了一系列政策扶持大学生自主创业，出台支持微型企业政策，几乎把产业门槛降到了有史以来的最低限度。高校也正在积极整合校内部门资源，为毕业生提供形式多样、内容丰富的创业教育，并对自主创业的学生在政策、经费、项目等方面提供更大的支持力度。在经济形势较为严峻的形势下，大学生自主创业无疑是为自己的就业赢得主动权。

（2）活动目的。

本次主题班会旨在培养我院在校学生锐意进取，奋发向上的创新、创业意识。通过召开主题班会的方式来点燃我院在校学生的创新、创业的梦想之火；提升我院在校学生的创新、创业的激情与斗志，从而使其真正走上勇于创新、敢于创业之路，走上共同富裕之路。

（3）班会主题：赢在中国，点亮人生路。

（4）班会开展时间及地点：2012 年 4 月 3 日 19：00　C 栋 402 教室。

（5）班会负责人及主要参与者。

活动参与者：××××学院财经管理系会计电算化一班。

班会负责人：×××老师。

嘉宾兼评委：学院学生处××老师、学院就业处××老师、院学生会创业部干部。

主持人：关明明 邓敏。

记录员：何冰。

纪律负责人：王佳媛。

摄像员：张媛媛。

课件操作员：姜政宇。

布置会场：全体班干部。

前期准备工作：班委带领同学收集整理创业知识；组织全班分成数个小组；采购相关物品。

（6）班会内容及流程。

① 在主题曲《在路上》背景音乐下，嘉宾和同学们有秩序入场。

② 主持人宣布班会活动开始。

③ 创业学习篇。

• 创新、创业是民族腾飞的希望。通过学习成功人士的感人精神、崇高理念，来激发自身的创新、创业意识，为社会的发展、为国家的未来贡献出自己的一分力量。（课件操作员播放课件）

方式：以放映视频讲座形式为主，以注解感受、讲授心得为辅。

视频安排：

《我能创未来——中国青年创业行动》

《我能创未来——牛根生答网友提问》

《马云创业演讲》

《俞敏洪创业演讲》

• 分小组谈观后感（各小组推荐一名代表上台）。

④ 情景互动篇

将所学的创新、创业心得摆在台上来分享，让每个人都有一个新的进步，做胆大、心细、有准备的大学生。此环节为一个消化性的过程，让班级的每个成员带着收获自我，欣赏自我的心情，学会整合对自我有用的创新、创业信息，增进创新创业的自信力。

• 分小组谈谈进入大学的感受和对创业方面知识的了解。（各小组推荐一名代表上台）

• 分小组交流一下创业者的行为方式和为人处事的心得或感悟。（各小组推荐一名代表上台）

• 分小组相互交流成功创业人士的创新、创业方式、过程，以及感人至深的可贵精神。（各小组推荐一名代表上台）

- 嘉宾××老师讲话。
- 表彰：根据各小组表现设一等奖2名，二等奖3名，三等奖4名，颁发奖证和奖金。

四、学习交流

实现共同富裕很大程度上取决于如何解决城乡二元结构分化，缩小城乡差距，新农村建设等问题。本节通过开展深入基层农户进行新农村建设社会实践，专家解析共同富裕问题及班级、小组学习交流等活动，让学生全面深入地了解基层农村在共同富裕道路上的现状，存在的问题及发展改进的方向，增强学生对国情、市情的了解，提升理论联系实际的能力；专家解析共同富裕问题，帮助学生理清思路，解疑释惑，从理论上更深刻地认识到社会主义共同富裕的科学内涵；班级、小组交流，有利于增强学生自我学习的意识，全面提升学生的综合素质。

（一）社会调研活动

1. 推荐项目

"实地考察重庆公租房"、"新重庆建设成就参观"、"农村基层生活体验"。

2. 项目范例

重庆市新农村建设现状调查社会实践活动

（1）活动主题。

重庆市新农村建设现状调查社会实践活动

（2）活动目的。

建设社会主义新农村已成为各级党委政府和人民群众所关心的热点问题，同时，搞好新农村建设也是缩小城乡差距的重要途径，是实现共同富裕的必由之路。为了解我市农村建设的现状，广大农民对社会主义新农村建设的态度和期望，了解当前我市农村在建设发展中存在的问题，为政府开展新农村建设提供决策参考依据，也为我市各地农村下一步的新农村建设提供指导参考。同时，通过调查研究活动，增强我校学生对国情市情的了解，进一步提高理论联系实际的能力。为达到这个目标，我们展开本次调查研究活动。

（3）参与人员。

××××学院财经系会计电算化一班全体同学、学院学生处××老师、班主任××老师（带队责任老师）、校医院医务人员一名。

（4）活动时间。

2012年5月4日

（5）活动筹备。

① 成立活动领导小组。学院学生处××老师任组长，班主任××老师任副组长，全体班干部和各小组组长为成员。

② 活动联络。班主任××老师前期考察××村，确定入户调查对象。

③ 经费申请。申请经费××××元，用于交通、饮水、入户调查纪念品、相关标识牌。

④ 活动分组。每四人为一个小组，指定一名组长，2人负责记录，2人负责完成相关

问题的采访。共分10个小组，每组负责调查一户农民家庭。分发调查资料，熟悉调查问卷，思考相关问题。

（6）活动实施。

① 集中出发。明确早上集中出发的时间地点，要求组员准时到达，组长清点人数，指导老师讲解调查过程中的注意事项，调查的方式方法。

② 集中调查。以小组为单位集中开展既定调查。

③ 集中回校。明确调查结束后集中回校的时间地点，要求准时到达，组长清点人数。

（7）活动总结。

① 各小组认真分析调查问卷。

② 各小组完成一篇调查报告，调查报告完成后，以小组为单位在班级中交流。

（8）活动表彰

结合调查问卷、调查报告及班级交流情况评选优秀小组，颁发奖状和奖金。

（二）精品报告

1. *推荐报告：实现共同富裕需要制度保障*

（1）报告人：秋风（姚中秋），北京天则经济研究所理事长，主要从事古典自由主义理论与奥地利学派经济学的译介和研究。秋风已出版的译著包括《财产、法律与政府——巴斯夏政治经济学文粹》、《法国大革命讲稿》、《法律与自由》、《哈耶克与古典自由主义》、《知识分子为什么反对市场》、《资本主义与历史学家》、《哈耶克传》等，并主持翻译《奥地利学派经济学译丛》。近年来，秋风还在中国诸多报刊媒体上发表了若干经济学论文及数百篇财经评论文章。

（2）报告内容简介：

此报告是秋风接受“重庆日报”就共同富裕问题专访所作的报告。他认为，探索共同富裕之路，首先要坚持市场经济体制，重庆在这方面的一些创新，比如，重庆政府采取措施，鼓励支持“微型企业”发展。这是对市场经济原理的巧妙运用。市场经济最大的好处就是能让尽可能多的企业家精神得到发挥。“微企”的发展有利于缩小贫富差距；促进共同富裕，政府无疑要发挥重要作用，但绝不是大包大揽。要解决贫富差距，必须控制一次分配的差距，至于二次分配，更需要政府的财政发挥作用；他在报告中还指出，共同富裕是一个长期过程，但有些问题却是等不得的，比如，建立更完善的社会保障制度，就应该加紧办、立刻做。要让这些政策长期发挥作用，造福于民，就需要制度建设。只有完善的制度才能让所有这些惠民举措常态化、持久化。

2. *推荐报告：共同富裕是社会主义的价值本位*

（1）报告人：李崇富，湖北省鄂州市人，1943年生。第十届、第十一届全国政协委员，中共十六届中央政治局第十三次集体学习主讲人。中国社会科学院学部委员、博士生导师、中国历史唯物主义学会会长。

（2）报告内容简介：

此报告根据李崇富教授出席“共同富裕与中国特色社会主义理论研讨会”所作发言整理。他说，小平同志指出，社会主义就是要逐步实现共同富裕。实现共同富裕是社会主义的本质要求，是广大人民的普遍愿望。只有共同富裕了，才谈得上和谐，两极分化不可能实现和谐。共同富裕是和谐社会的重要标志，最能体现社会主义精神以及和谐追求的先决条件就是共同富裕。实现共同富裕，关键还在于坚持公有制经济的主体地位。在公有制基础上实行的按劳分配，本身就是一种“公平分配”。当前要进一步探索公有制的实现形式，进一步完善公有制企业的内部治理结构，使公有制真正成为社会所有的一种所有制形式，防止成为少数人、少数利益群体牟利的工具。要坚定公有制一定能搞好的信心，要确保公有制的主体地位。如果公有制丧失了主体地位，就丧失了社会主义的经济基础。他指出，只有共同富裕了，才谈得上和谐，两极分化不可能实现和谐。共同富裕是和谐社会的重要标志。

（三）小组和班级学习交流

1. 共同富裕目标下，家乡的新变化

通过各小组代表展现自己家乡过去与现在的不同面貌，学生更深刻地体验到改革开放以来，家乡在乡村建设，在追求文明、富裕之路上所取得的巨大成就，帮助学生更好地理解我国在社会主义初级阶段的根本任务以及共同富裕的现实性、必然性和可行性，坚定学生走社会主义共同富裕道路的决心和信心。全班分 10 个小组，首先小组内部进行讨论，然后各小组推选 1 名代表在班上结合 PPT 展示家乡所发生的巨大变化，最后评出优胜者。

2. 直辖市沧桑巨变摄影大赛

2012 年是重庆直辖 15 周年。以“德能修养”实践活动小组为单位，重温直辖市的发展历程，以其自身的经历或身边的变迁为主线，捕捉城市的巨大变化，并在本班开展主题摄影比赛。

第八章　民主政治的关注

社会主义民主政治是社会主义的本质要求，是推动科学发展、促进社会和谐的重要条件。马克思认为，民主是一种国家形态和国家制度，社会主义国家必须实行民主制度。社会主义如果不具备民主的政治特征，就是不够格或不完全的社会主义。只有坚定不移发展社会主义民主政治，才能体现社会主义的本质，才能保证社会主义现代化建设和社会主义和谐社会建设的顺利进行。中国民主政治具有典型的优越性，其体现为既有坚强的领导核心，又有广泛的社会基础；既有集中，又有民主；既维护人民的根本利益，又照顾各方面的具体利益；既有共同的政治基础，又“和而不同”。坚持民主政治，就要做到坚持为人民执政、靠人民执政，支持和保证人民当家作主，坚持和完善人民民主专政、坚持和完善民主集中制，以发展党内民主带动人民民主，壮大最广泛的爱国统一战线。当前“颜色革命”流行，正确认识和理解中国特色的民主政治，我们就会坚持中国共产党的领导和坚持社会主义道路，进而防止西方的和平演变。

一、领 悟 箴 言

推翻三座大山，建立工人阶级领导的工农联盟为基础的人民民主专政的社会主义国家，是中国共产党人领导全国各族人民英勇奋斗的伟大成果。加强政治建设、经济建设、文化建设和社会建设，把我国建设成富强、民主、文明的社会主义强国是我党奋斗的目标。在追求美好的社会理想的过程中，不少名人伟人对民主政治进行了深入的探究，发表了不少精辟的论述。认真领悟相关箴言，对于我们坚定正确的政治方向，跟着共产党实现中华民族的伟大复兴具有重要的现实意义。

箴言文本

1. 民主之于社会主义是不可或缺的。——弗拉基米尔·列宁

2. 民主是通往社会主义之途。——卡尔·马克思

3. 专政自然地产生于民主，而最极端的专制和奴役则从最极端的自由中产生。——柏拉图

4. 在民主制度下，穷人比富人更有发言权，因为穷人占多数，而大多数人的意志是至高无上的。——亚里士多德

5. 强烈的专制制度很快会腐化堕落。因为暴力所招来的总是一些品德恶劣的人，而且我相信，天才的暴君总是由无赖来继承，这是一条千古不易的规律。——爱因斯坦

6. 民主政治是这样一种制度：其中谁也不能选择自己进行统治，也不能授权自己进行统治，因此，谁也不能僭取无条件的和不受限制的权力。——萨托利

7. 政府的恶劣是可以用臣民的恶劣来解释的，恶劣的臣民只配有一个恶劣的政府。同理，恶劣的政府也只能造就恶劣的臣民。——恩格斯

8. 独裁制如一把利刃，今天用之杀别人，明天便会用之杀自己。——陈独秀

9. 民主并不是什么好东西，但它是我们迄今为止所能找到的最好的一种制度。——丘吉尔

10. 克服民主的弊端的有效方法是更多的民主。——杜威

二、品读经典

在追求社会主义民主政治的历程中，传颂着许多感人的经典故事，涌现出了不少经典影视、经典歌曲和经典著作。这些经典教育和激励一代又一代中国人为独立、解放、富强而前赴后继、英勇奋斗，培育了一代又一代健康成长的青年。品读经典，今天的大学生将从中吸取丰富的精神营养，为中华的振兴贡献力量。

（一）经典故事赏析

1. “其兴也勃焉”，“其亡也忽焉”

故事文本

“其兴也勃焉”，“其亡也忽焉”

毛泽东与黄炎培之间有一次著名谈话。黄炎培回忆：“有一回，毛泽东问我（来延安）感想怎样？我答：我生六十多年，耳闻的不说，所亲眼看到的，真所谓‘其兴也勃焉’，‘其亡也忽焉’，一人，一家，一团体，一地方，乃至一国，不少单位都没有能跳出这周期率的支配力。大凡初时聚精会神，没有一事不用心，没有一人不卖力，也许那时艰难困苦，只有从万死中觅取一生。既而环境渐渐好转了，精神也就渐渐放下了。有的因为历时长久，自然地惰性发作。由少数演为多数，致风气养成，虽有大力，无法扭转，并且无法补救。也有为了区域一步步扩大了，它的扩大，有的出于自然发展，有的为功业欲所驱使，强求发展，到干部人才渐见竭蹶、艰于应付的时候，环境倒越加复杂起来了，控制力不免趋于薄弱了。一部历史，‘政怠宦成’的也有，‘人亡政息’的也有，‘求荣取辱’的也有。总之

没有能跳出这周期率。中共诸君从过去到现在，我略略了解了。就是希望找出一条新路，来跳出这周期率的支配。毛泽东答：'我们已经找到新路，我们能跳出这周期率。这条新路，就是民主。只有让人民来监督政府，政府才不敢松懈。只有人人起来负责，才不会人亡政息。'"

资料来源：黄炎培著《延安归来》第二篇"延安五日记"

2. 总理与基层群众——《政府工作报告》背后的民主故事

故事文本

总理与农民老朋友的约定

这是两个老人之间的约定。尽管一方是13亿人民的总理，而另一方是一辈子面朝黄土、"侍弄玉米棒子"的地道农民，但这个约定已有5年，并且远未结束。

今天一大早，河北省滦平县巴克什营镇偏桥村村民苏洪喜就在家门口点燃了1000响的鞭炮，"不到6点钟就醒了，心里激动得怦怦跳"。

今天，温家宝总理作《政府工作报告》。老苏兴奋极了，因为在1月30日，温家宝曾专程来到金山岭长城脚下的这个山村，在苏家召开座谈会，就《政府工作报告》起草和改进政府工作与农民座谈，听取意见和建议。这已经是老苏第三次见到总理。

10年前，因为严重的旱灾，时任国务院副总理的温家宝来到这里考察，当时苏洪喜还是偏桥村村支书，到今天他还记得自己当时"有点紧张，但过去了也就那样"。5年前的国庆日，总理再次来到了这个偏僻的小山村，苏洪喜一激动，竟然大踏步上前，"这不是总理吗？还认识我不？"

"这不是老支书吗。"总理不但记得当年的村支书，甚至还念出了一些百姓的名字。这一次，总理与苏老汉定下5年之约，"你放心，5年之内一定再来。"1800多个日夜很快过去，这期间，偏桥村也发生了变化。义务教育已经普及，村里铺上了水泥路，乡镇企业为村里安置了50多名劳动力。

去年12月，一直盼着总理再来偏桥村看看的村民们，鼓励老苏给总理写一封信。苏洪喜还记得，自己甚至不知道究竟该把信寄到哪里，他只好在地址栏填上"北京市国务院"。信中，他描述了村里这些年的变化，邀请总理"过来瞅瞅"，并在落款处郑重地写下，"农民老朋友"。

仅仅在一个月之后，温家宝履约前来。这也是总理第一次亲自来到农户家中召开座谈会为《政府工作报告》的起草和修改征求意见。面对总理，这群一辈子靠天吃饭的农民讲出了自己的忧虑：粮食价格低，农民种粮没有积极性；村民想要为养殖业申请小额贷款十分困难；村民张保林甚至将问题聚焦到一根黄瓜上，"黄瓜卖不上价，农资价格不断上涨，种黄瓜的收入还赶不上打小工。"

"我们提的问题总理全讲到了。"今天上午，围坐在老苏家的火炕上，十几名村民收看了人大会议开幕式，总理的报告中有他们的一份力量，也有总理对他们的回应。

当电视里的总理提出，"进一步提高粮食最低收购价"时，村民们甚至兴高采烈地鼓起掌来。

不过，在这片连年干旱的土地上，灌溉水源也是大问题。2009年旱情严重，苏洪喜老两口只有两亩地，每亩地一般有500多公斤玉米的产量，低的时候只有200多公斤。按今年每公斤1.7元的收购价，他在田地里艰辛一年，只有不到500元的纯收入。

因此，当总理提到大力发展农村水利建设时，老苏兴奋极了，他甚至想到了后山的100多棵栗子树，“这下可以继续种树，不用再怕旱了。”当然，老苏的憧憬还有很多，“等到偏桥村真正发展好了，我们村民人均收入都能比现在高一倍，我要再给总理写信。”

老苏当然不会忘记总理在一个多月前和他的另一个5年约定：“就算我退休了，也一定过来。”

“我们的声音”进了政府工作报告

对北京市朝阳区麦子店的居民而言，今年的两会有着特殊的意义。

在麦子店枣营南里社区，居委会主任付彦青也觉出了明显的不同：几天前，当她按照惯例通知社区居民集体收看“人大”开幕直播时，她发现，大家的热情“比以往哪一年都高”。

“因为大家都想看看，政府工作报告里会不会有‘我们的声音’。”付彦青说。

1月31日，温家宝总理来到麦子店枣营北里社区，与13名居民代表进行座谈，就正在起草的《政府工作报告》征询意见。

朝阳区肢残协会副会长李楠就是当时的与会居民代表之一。她还记得总理在座谈中的开场白：“你们关心的问题都不是小事情，都是政府应该关注和解决的事情。”一句话，让原本有些紧张的李楠立刻踏实了下来。

作为第一个发言的社区代表，李楠提出的是自己感受最深的残疾人生活问题。7年前的一场车祸，让她直到现在还只能依靠轮椅出行。而她在发言中表示，希望政府能更加关心残疾人的就业问题、心理健康问题，对工伤致残人员也能提供更多的保障措施。

李楠回忆说，当时总理认真听着她的发言，并且与她不断进行目光交流，让她感到自己“很受尊重”。

今天上午，当温总理作政府工作报告的时候，坐在轮椅上的李楠，紧盯着电视直播，看得特别专心。

“加强残疾人社会保障和服务体系建设，进一步落实好扶残助残的各项政策，为他们平等参与社会生活创造更好的环境。”温总理在报告中说。

听到这些，李楠觉得“很惊喜”。“我完全没想到，自己的建议这么快就被采纳到了政府工作报告中。”李楠说。

李楠并不是唯一感到“惊喜”的人。在她的身旁，另一位曾与温总理座谈的居民代表陈宏伟也发现，自己向总理所提出的困惑、建议，“政府工作报告中都提了”。

作为枣营北里卫生服务站站长，陈宏伟印象最深刻的，则是政府报告中关于医疗改革的一句话：“完善基层医疗卫生机构补偿机制，落实岗位绩效工资。”在此之前，他曾经在座谈中向总理提出，社区医务人员待遇低，很多有能力的人都留不住。

“落实了绩效工资，我们就能更安心地为居民服务了！”陈宏伟说。因为忘了带笔记本，他把总理报告中几个重要的句子记在了自己的手心上。

报告结束后，陈宏伟和李楠都觉得，自己的声音出现在政府工作报告里是一件非常振奋人心的事情。

“我们的政府正在‘降低重心’，听取民间的观点。”李楠说，“而我们这样的普通人，也有越来越多的渠道，可以倾吐自己的声音。”

陈宏伟的想法则更实际一些："我会向我的同事、患者还有小区的邻居们宣传这些惠民的政策，当然，我更期待它们的早日实现。"

社区活动室门口，居委会主任付彦青正忙着跟大家道别："咱们都要好好活着，好好享受这些好政策！"

【赏析指导】

"从群众中来，到群众中去"是我党一贯倡导和坚持的群众路线、群众观点、群众观念。一切为了群众，一切相信群众，一切依靠群众，是我们做好党和政府工作的出发点和落脚点。"以人为本，执政为民"是我们的执政理念和施政要领。温总理的"群众满意不满意、高兴不高兴、答应不答应是衡量政府工作的唯一标准"，将群众观点、群众观念摆在在更加突出的位置，同时也是对各级党员领导干部的提醒。我们的各项考核指标、措施、政策的制定，都必须始终坚持"群众第一"、"群众至上"的原则，必须将民意、民情真正吸纳、充实到方案、标准的制定中，并在具体实施过程中，充分尊重民意，广泛征求民意，将评判的标准和标尺交给群众，让群众说话，让群众说得上话，无论是征求对政府工作报告的意见，还是做好其他一切工作、做出其他有关决策，都要广泛、全面、真实地听取群众意见，并将结果交给群众评判、让群众打分，只要群众不满意、不高兴、不答应的，就坚决不做、不出、不行、不施。

【赏析指导】

毛泽东铿锵有力的回答深刻揭示了民主监督的重要性，激起了黄炎培的共鸣。中国共产党在此后的数十年中坚持民主监督政策，赢得了革命和建设的巨大成功。

毛泽东所说的"民主"就是广大人民群众对政府和各级官员的监督。我国自古就有"载舟覆舟"的警语，毛泽东对此又作了进一步发展和诠释。主动把监督权交给人民群众，把官员的一举一动都置于群众的众目睽睽之下，使腐败分子无处藏身，已成为防腐拒变的可靠法宝。总结我党在各个历史时期取得的每一个胜利，无不凝聚着人民群众的理解支持。

1. 影视鉴赏《破冰》——村民自治

【视频简介】

本视频主要讲述中国政治体制改革道路在农村的实践。农村实行村民自治的过程、意义。村民自治是指在农村由群众依法办理自己的事务，自主行使管理村级政治、经济、文化和社会事务权利的民主形式。它包括由广大村民实行民主选举村民委员会干部，民主决策村中大事，民主管理村内事务，民主监督村民委员会工作和村民委员会干部等。

【赏析指导】

实践证明，村民自治为维护社会稳定、促进农村经济发展和推动农村基层民主政治建设发挥了积极的作用。村委会选举拓展和完善了农村选人、用人的渠道，使村委会干部的整体素质有了较大的提高；实行村民自治密切了干群关系，促进了农村社会稳定；实行村民自治调动了农民群众的政治参与热情，增强了他们的民主法制观念。

2. 歌曲鉴赏《团结就是力量》

【歌曲文本】

团结就是力量

团结就是力量，团结就是力量，团结就是力量，

这力量是铁，这力量是钢，

比铁还硬，比钢还强，向着法西斯蒂开火，让一切不民主的制度死亡！

向着太阳，向着自由，

向着新中国，发出万丈光芒！

【赏析指导】

《团结就是力量》产生在 1943 年 6 月晋察冀边区平山县黄泥区的一个小村子。那时，敌后正处于战斗最紧张、最残酷，生活最艰苦的“黎明前的黑暗”的最困难时期。为了反对日寇到边区抢粮。实行“抢光、杀光、烧光”的疯狂政策，西北战地服务团深入到河北平山和山西繁峙的广大农村参加斗争。在三四天左右时间里，突击创作了小型歌剧《团结就是力量》。

这个小歌剧演出后影响很大，主题歌《团结就是力量》立即在全边区广泛流传。它曾成为团结中华民族抗击日本侵略的号角和心声，为全世界法西斯罪恶势力敲起了丧钟。这首歌表达了全国人民大众推翻不民主的政治制度的决心和建立民主自由的社会主义新中国的渴望。

（三）经典著作研读

1. 经典著作：《共产党宣言》

【著作文本】

《共产党宣言》。

【研读指导】

《共产党宣言》正文分为 4 个部分：资产者和无产者、无产者和共产党人、社会主义和共产主义的文献、共产党对各种反对党派的态度。它明确指出迄今一切社会的历史是阶级斗争的历史，详细论述了资产阶级和无产阶级的形成和各自的特点，继而以此为基础分析了当时的革命形势，指出了无产阶级的奋斗目标。资产阶级作为一个当时的新兴阶级，在人类社会的发展史上起过重要的积极作用。宣言详细地概括了资产阶级的起源发展，用辩证的观点指出了资产阶级起的积极作用，包括反对封建，追求自由，开拓世界市场，极大的提高了人类社会的生产力水平。同时也指出资本主义固有的缺陷和弊端。也逐渐暴露出来。它把人与人之间的关系变成了纯粹的金钱关系，把财产重新聚集在少数人手中，它与无产阶级的矛盾日益突出，越来越不适合生产力的发展。而无产阶级作为资产阶级的对立阶级，也日益显示出其特有的先进性。他们反对资产阶级的斗争，这和他们的存在是同时开始的；无产阶级没有自己的个人利益，因为他们没有生产资料；他们通过机器化大工业和历次革命活动的锻炼，达到了前所未有的团结。其革命的目的必然是为了绝大多数人民的利益，最终解放全人类。

这部有着深刻历史意义的宣言不仅对当时资本主义社会中的阶级对立和斗争进行了深刻的分析，而且为无产阶级的斗争指明了方向。即使是在一百多年后的今天，它对我们分析和理解当今国际政治经济局势以及我国社会主义的发展仍旧有着深刻的指导和借鉴意义。

2. 经典著作：《国家与革命》

【著作文本】

《国家与革命》。

3. 经典著作:《论人民民主专政》

【著作文本】

《论人民民主专政》。

【研读指导】

毛泽东的《论人民民主专政》主要内容是:总结中国共产党领导民主革命28年的经验,阐明即将成立的中华人民共和国的性质,各阶级在国家政权中的地位以及新中国内政外交的基本政策。指出人民民主专政是工人阶级领导的、以工农联盟为基础的、包括城市小资产阶级在内的政权,指出对人民内部的民主方面和对反动派的专政方面的结合,就是我们的人民民主专政。在中国的历史条件下,不可能有资产阶级共和国,只能经过工人阶级领导的人民共和国到达社会主义和共产主义。文章奠定了我国人民民主专政理论基础,丰富与发展了马克思主义的国家学说。

【研读指导】

《国家与革命》是列宁在十月革命前夕撰写的一部关于马克思主义国家学说的经典著作,全书共六章,系统地阐述了马克思主义的国家学说,特别是无产阶级专政的学说,对全世界无产阶级建立和巩固自己的政权具有极其重要的指导意义。

《国家与革命》是列宁关于国家和法的学说方面的最重要的著作,是马克思主义关于国家与法的学说发展中的一个重要里程碑。在这部著作中,列宁不仅清除了机会主义对马克思主义国家学说的歪曲,而且进一步发展了这个学说,并且用俄国革命的经验加以丰富,使它成为指导无产阶级革命斗争和政权建设的普遍规律。

《国家与革命》是最完整、最集中论述国家问题的马克思主义重要著作,在指导俄国十月革命和苏维埃政权建设中发挥了重要作用,对中国革命和中国社会主义建设也产生过重要影响。就其基本立场和方法来说,启发和指导意义是深远的。《国家与革命》在集中论述国家问题的同时,一些极有价值的相关论述也值得我们认真思考和关注。

三、主 题 活 动

为深入学习、贯彻党的民主思想,让大学生深入体会有中国特色的社会主义民主政治,帮助大学生树立正确的世界观、人生观和价值观。深入开展国体、政体和政党制度教育,使大学生正确认识中国特色社会主义民主政治优越性。我们推荐了一些主题演讲、辩论、朗诵、征文的题目,并且撰写了相关范例,供各班、院系和学校开展相关活动参考。

(一)主题演讲比赛

1. 推荐主题

“社会主义民主与法制”、“重温历史、五四先行”、“民主竞选、加强班风建设”。

2. 主题范例

(1)主题说明:同学们通过演讲重温“五四”精神,充分展现出当代青年的青春风采和奋发向上的精神风貌,使广大同学深刻地理解到当代青年肩负的历史使命和社会责任,坚定继承和践行革命精神的决心。相信在今后的学习生活中,同学们将会践行“五四”精神，用知识和能力服务社会，描绘自己绚丽的青春画卷。为进一步弘扬“五四”精神，引导同学们不忘历史，增强责任感和使命感，激发学生的爱国热情，并化爱国热情为报国之志，营造良好的校园氛围。

（2）演讲范例：

青春的火炬

五月的春风情深意暖，五月的花海流溢飘香，和着春潮，伴着夏韵，在花海灿烂夺目的季节里，我们迎来了“五四”运动八十五周年。

弹指一挥间，人类已昂首进入了二十一世纪。在这漫长的岁月里，中国战胜了衰落，走向振兴，挣脱了屈辱，走向奋起，中国正以崭新的姿态向世人展示着自己。然而，人们不会忘记那划时代民族救亡的“五四”爱国运动，更不会忘记那举起民族救亡旗帜，开创民族独立和民族振兴新纪元的先驱者，不会忘记革命战争的烽火硝烟，更不会忘记，为真理而抛头颅洒热血的英烈们。今天，我们的祖国已经进入了一个新的历史时期，振兴中华的责任，已经落到我们肩上，“五四”火炬已经光荣地传到我们手中。

青春是美好的，也是短暂的，它也许是你人生的一处驿站。不过请记住，即使它像一颗流星，我们也要努力让它成为一次辉煌的闪现。

中学时代是我们人生中的一个重要里程碑。我们知道，风雨会使我们变得强壮，挫折会使我们变得坚强。成熟的思想和高尚的品质，来自于风雨的洗礼和生活的磨砺。我们要面对山峰，去欣赏它的风光，面对未来去争创人生的辉煌，这样才能体现生命的价值。

有人说，19世纪是英国人的世纪，20世纪是美国人的世纪，而21世纪，就是我们中国人的世纪。中国经过几十年来的艰苦建设，已取得了“乘长风，破万里浪”的迅猛发展，但我们不要忘记，我们仍然是个发展中的国家，还有许许多多地方有待完善和发展。要想国家富强，就必须努力，而希望就寄予在我们这一代人身上。

在二十世纪，在中华民族前进的道路上，中国共青团留下了英勇奋斗的足迹，作出了无愧于历史的贡献。二十一世纪是一个充满希望和挑战的世纪，中国共青团，将以新的面貌，面向新世纪，开创新的事业，在中华民族振兴史上继续谱写光辉的篇章。

我们缅怀“五四”先驱们的业绩，回顾中国青年在整个世纪走过的历程，作为当代青年团员，我们应当秉承民族精神，高举“五四”火炬，肩负时代责任，用知识和汗水，以满腔热情，去开拓、去创造、去拥抱新希望，来迎接这个机遇与挑战并存的世纪。

青年朋友们，不，战友们，前进的号角已经吹响，未来在向我们召唤，历史将会永远记住我们的身影，前进吧，前进吧，让我们释放青春的能量，点燃创业的梦想。

（3）策划方案：（范例见附录）

（二）主题辩论比赛

1. 辩题推荐

（1）正方：人民代表大会更能体现民主。反方：人民代表大会更能体现民主。

（2）正方：民主是科学的政权组织形式。反方：专政是科学的政权组织形式。

（3）正方：美国没有义务维护世界民主。反方：美国有义务维护世界民主。

2. 主题范例

（1）主题说明：以“美国有无义务维护世界民主”为主题展开辩论。正方观点为：美国没有义务维护世界民主，反方观点为：美国有义务维护世界民主。辩论双方各自列举论据说明美国的霸权主义与强权政治。

（2）策划方案：（范例见附录）

（三）主题朗诵比赛

1. 推荐主题

“坚持社会主义制度，永远跟党走”、“德赛先生”、“深化政治体制改革 发展社会主义民主政治”。

2. 主题范例

（1）主题说明：1921 年 7 月 23 日，伟大的中国共产党诞生了。从此，中国发生了翻天覆地的变化。中国共产党领导中国人民推翻了三座大山，建立了社会主义的新中国，进行了卓越的社会主义现代化建设，取得了举世瞩目的成就。

在那风雨如磐的旧中国诞生的中国共产党，像一盏明灯冲破了漫漫长夜的黑暗，像初升的朝阳给沉睡的大地带来了希望的曙光。多少个风雨春秋，多少次奋斗不息，中国共产党历经了沧桑，也铸就了辉煌！让我们坚决跟党一起走。

（2）朗诵范例：

“迎接十八大，永远跟党走”

南湖一叶扁舟
描绘出古老华夏的蓝图
实现共产主义的信念
撬开冰封的季节
支撑起民族思想的荒原
黑夜里
盘古开天匍匐前行

组织工农武装
点燃星星之火
南昌起义打响了武装夺取政权的第一枪
井冈山会师壮大了革命的力量

卢沟桥畔的枪声
激起全国人民奋力抗战
平型关震惊中外的大捷
揭开抗日战争的新篇
地雷战地道战游击战
续写小米加步枪的传奇

杨靖宇的誓死战斗
吉鸿昌的英勇不屈

节与气的浩歌中
太阳旗嘶哑坠地

皖南事变的发生
撕毁了双十协定的骗局
为了理想的实现
人民重新拿起战斗的枪戟

延安的宝塔 西柏坡的油灯
酝酿着决胜千里的宏筹
三大战役摧枯拉朽
蒋家王朝在炮声中灰飞烟灭

（3）策划方案：（范例见附录）

（四）主题征文比赛

1. 推荐主题

“社会主义核心价值观”、“社会主义民主的优越性”、“权为民所赋、权为民所用”

2. 主题范例

（1）主题说明：社会主义核心价值观，是指人们对社会主义价值的性质、构成、标准和评价的根本看法和态度，是人们从主体的需要和客体能否满足主体的需要以及如何满足主体需要的角度，考察和评价各种物质的、精神的现象及主体的行为对个人、无产阶级、社会主义社会的意义。

（2）主题范例：

社会主义核心价值观

我们这一代人的起点太高、梦想太多。习惯富足的新一代人，自然对父辈那种平淡的工作生活抱有怀疑态度，期待更多变革。我们更关注政治人物说话的态度，而不关注话语的内容，开始留心社会收入的公平分配，而不那么在乎经济的增长，我们想用微薄的收入去闯荡世界，也不愿意坚持做好平淡的工作，我们热爱变革、期待改变，却没有确定的方向。

这种现象并不是偶见，在社会加速转型的当下，疾速奔跑时，我们忘了为什么而出发；我们不能接受漫长的等待，因为习惯了快节奏的生活，我们希望在人生最美好的时候拥有一切，但真的拥有了之后我们又能干什么？在物质膨胀的今天，我们的灵魂被挤得无处栖息。

我不禁开始思索……想起了“感动中国十大人物”。他们实现自我的价值观，不正是社会所需要的么？到底是什么样的价值观，让这些“感动中国”的人们有如此壮举？又是什么样的价值观，值得新一代青年学习和培养？

我想这个答案应该是：坚持马克思主义指导思想，坚持中国特色社会主义共同理想，坚持以爱国主义为核心的民族精神和以改革创新为核心的时代精神和坚持社会主义荣辱观所组成的“社会主义核心价值观”。

这个价值观不是凭空而生的，价值观的形成是在实践的过程中慢慢沉淀，最后变成社会人自觉的行动，变成一种性格坚持下来的。而我们所要做的就是：

① 树立理想，坚定信念。人生最重要的不是成功，而是价值，要树立实现人生价值的理想。诚然，我们也许没有保尔那样为全人类的解放事业而努力奋斗的伟大抱负，也许不能像杜红英大姐那样守得住清贫，耐得住寂寞。但我们不能甘于平庸，安于现状，有人说：人的一生百分之五是精彩的，百分之五是痛苦的，而另外百分之九十是平淡的。很多人往往不能忍受着百分之五的痛苦，而错过百分之五的精彩，最终只能在百分九十的平淡中度过。

② 承担责任，努力奋斗。人活在世上，不是为所欲为，对社会的责任应当成为我们人生理想的归宿。无数有杰出贡献的人无不以对社会的责任来鞭策自己寻找人生的真谛。大多数人都出生在平凡的家庭却又被物欲横流的社会所诱惑，想要过上更好的生活，更希望能表现自己，得到社会的认可，因此，努力奋斗将是我们唯一能做的事情。只有努力奋斗，才能练就一身硬功夫，才能在以后的道路上披荆斩棘。

③ 以强大心理对待奋斗结果。人只有建立内心的价值系统，才能伸展出生命的张力。像地质队员遍访崇山峻岭、穿梭于悬崖峭壁间寻找矿床，甘于清贫，忠于理想，也许到最后都没有任何发现。这种情况是常有的事，但他们不怕失败，凭着顽强的毅力，坚持下去了。奋斗是一种心态，对待结果则应换另一种心态：对自己的所作所为要锱铢必较，对不可控因素则随遇而安。如果和不可抗力斤斤计较那就是和自己过不去，最后不但于事无补，还会恶化自己的情绪。要知道，心态放平还能延年益寿呢。

社会主义核心价值观，拥有了一个良好的价值观应该具备的自我价值和社会价值的两个方面的统一。中华民族历来崇尚精神建设，注重用价值观来实现凝聚和引领，但价值观的形成不能一蹴而就，需要我们不断努力。如今社会主义核心价值观正在有效凝聚我们这个国家，尤其是凝聚新一代人的意识形态，我们需要更好地为我们的国家和民族服务，实现自我，用自己的力量去造福更多的人。明天的我们将会怎样，显然，答案是丰富多彩的。路漫漫其修远兮，吾将上下而求索！

（3）策划方案：（范例见附录）

（五）主题班会和团日活动

1. 推荐主题

“庆祝中华人民共和国建国 63 周年”、“学习七一讲话，关注社会公平正义”、“透过窃听丑闻看清西方新闻自由”。

2. 主题范例

“透过窃听丑闻看清西方新闻自由”主题班会设计

（1）活动背景。

2011 年 7 月 4 日，英国《卫报》披露新闻集团旗下《世界新闻报》非法窃听失踪少女米莉及其家人的电话，干扰警方破案。

7 月 7 日，默多克之子、拥有《世界新闻报》的“新闻集团”亚洲和欧洲区总裁詹姆斯·默多克宣布：《世界新闻报》即将关闭，最后一期会于本周日发布。

7 月 10 日，《世界新闻报》出版了最后一期，用头版的“谢谢，再见”几个字，终结了 168 年的历史。

7 月 12 日，“新闻集团”旗下的另外两家报纸《星期日泰晤士报》和《太阳报》深陷窃听泥潭。这两份报纸的工作人员，被指入侵前首相布朗的法律文件，并 6 次假扮布朗用电话从银行骗取他的账户信息，非法盗窃布朗儿子的医疗记录。

7 月 15 日，默多克新闻集团在英国的最高级别经理、新闻国际首席执行官丽贝卡·布鲁克斯辞职。几小时后，新闻集团旗下道·琼斯公司首席执行官莱斯·辛顿（曾任新闻国际总裁）辞职。默多克一天内失去了执掌英美市场的两员大将。

7 月 16 日，英国国内各大报纸刊登新闻集团主席鲁珀特·默多克的道歉信。默多克在信中写到，新闻集团对已经发生的一系列严重的错误行为和受害者表示深深地遗憾，对没有尽快解决窃听事件感到懊悔。

7 月 17 日，刚宣布辞去“新闻国际”首席执行官职务的丽贝卡·布鲁克斯被英国警方逮捕，成为《世界新闻报》窃听丑闻东窗事发后被拘捕的第 10 人。布鲁克斯的发言人表明，她被警方带走是协助调查问讯，主要关于窃听丑闻的共谋罪和涉嫌向警方支付不恰当的报酬。

（2）活动目的。

透过窃听丑闻看清西方新闻自由的本质：从窃听丑闻不难看出，一向标榜“新闻自由”的某些西方媒体，打着“为了新闻，不惜牺牲一切”的旗号，肆意侵犯公民隐私等多种权利。而一向宣称“民主、人权”的某些西方国家政府，没有尽责地保护公民权利不受侵犯，反而容忍这样的事情在自己眼皮底下不断发生；一些西方媒体和政府，一面声称自己“客观、公正”，享受“新闻自由”，一面指责别人干涉“新闻自由”。

（3）活动主题。

从窃听丑闻看清西方新闻自由。

（4）主办单位。

××系团委。

（5）活动对象。

××系大一、大二学生。

（6）时间地点。

第九周于第 2 教学楼教室。

（7）活动流程。

① 为每一位参加活动的成员发送相关学习材料。

② 邀请学院相关领导进行活动前的致词。

③ 由××系团委副书记×××主持本次学习交流会。

④ 由书记助理×××进行本次活动的总结并安排相关工作（各部门自行负责深入学习交流与活动总结，团支书的总结工作由组织部处理）。

⑤ 由学院分团委副书记×××宣布学习活动的结束。

（8）工作安排。

① 组织部负责对各班团支书的通知，各部门负责人负责对本部门的通知和组织。

② 宣传部通过张贴海报与横幅方式在学校与学院宣传，并在活动过程中进行记录与拍照。

③ 活动中，组织部负责人员安排及维持会场秩序。学习部负责发送相关材料。

④ 邀请校宣传部参与，以加大活动的宣传力度。

⑤ 活动开始前一个星期，策划部负责写本次活动的策划书。

（9）经费预算。

① 材料费：××元。

② 宣传单：××元。

③ 一条横幅：××元。

总共：×××元

××系团委

2012 年 6 月 18 日

四、学习交流

同学之间的学习交流是长思想、获知识、增才干的重要途径。我们通过团体素质拓展训练，能提升同学们对民主政治的切身感受，通过观摩精品报告，能帮助同学们树立起正确的政治观；通过互动学习和交流，可以提升同学们政治理论能力。

我们推荐以下学习交流项目。

（一）团体素质拓展训练

“‘企鹅村’村民选举”模拟活动

1. 训练目的

通过引导学生设置具体的事例，模拟民主选举活动，比较不同选举方式的特点，探究选择选举方式的制约因素，从而引导学生树立依法行使和珍惜自己的民主选举权利的正确态度。以学生自编自演的活动形式进行课堂教学，寓教学内容于其中，能够充分调动学生们的学习兴趣和培养团队合作学习的能力、理论联系实际的能力、参与政治生活实践能力等，从而为更好地开展教学相辅、注重提高能力的系统化课堂活动提供实践参考。

2. 准备过程

（1）角色扮演设置。

主持人：小杨。计时员：春苗。公证员：晓琳。

计票员：小丽。候选人：群超、小惠（以上人员为化名）。

（2）选举程序与时间分配。

①主持人发表讲话，宣布选举程序（3 分钟）	⑦验票唱票（3 分钟）
②公证人发表讲话（1 分钟）	⑧主持人、公正员宣布当选人（1 分钟）
③选举人依次发表演讲，每人三分钟（9 分钟）	⑨当选人发表演说（1 分钟）
④观众提问，竞选者轮流回答，每人 1-2 个问题（12 分钟）	⑩结束（1 分钟）
⑤主持人深入民众，调查民意（3 分钟）	⑪老师给评语（2 分钟）
⑥村民进行选举（4 分钟）	共计：40 分钟

③ 选举用具：主持人话筒一只、计时表一只、选票若干、票箱一个等。

④ 选举场地：教室。

3. 训练过程

（1）主持人开篇语。（3 分钟）

如果说一个村是一首歌曲，那么村领导就是休止符，终止符，升降号……而村长则是这首曲子的五线谱。村长的重要性大家是可想而知的。自从前任村长退休后，本村一直未选取新的村长。我们“企鹅村”不可一日无长，在这个人民当家作主的社会中，让我们积极参与政治生活，共同选取村长人选，投下自己神圣的一票吧。

下面我来简单介绍一下选举过程及其注意事项。我们一起看投影。（展示上述表格）

首先由公证人员进行公证，然后候选人依次发表演讲，随后由观众提问，再由村民们进行选举，验票人验票，主持人公布当选人，当选人发表演讲。

其过程值得注意的是采取直接选举、差额选举的方式，每位村民只允许投一个名额而且仅有一票，允许有个人意愿投弃权票。该过程秉承公正、公平、公开的原则，坚决打击拉票，买票，金钱交易等非法行为。

（2）公证人发表讲话。（1 分钟）

我，谨代表“企鹅村”公证处对我村新一届村委会主任人选的民主选举进行公证！我将秉承公正、公平、公开的原则履行好我的职责……

（3）候选人竞选演说辞。（共 9 分钟，每人 3 分钟）

各位乡亲父老们：

你们好！我叫群超，毕业于××大学管理系，具有专业知识和技能，有较强的管理能力，我诚心地竞选村长一职。

我认为，就是村长的最佳人选。

为什么呢？

我人缘好，热心为人民服务，为人老实，心地善良，连续几年被评为劳动模范。我办事出自公心，不谋私利，社会关系广，办事能力强，求真务实，愿意为百姓办实事，办事公道，善于倾听不同意见。

正因为本人具有如此卓越的才能，大家更应将那神圣的一票理性的投出。

若我当上村长，我会就这几年理财不当的事作调整，设置理财小组，每 3 个月对村里的账目进行一次检查。总之，我会以人民利益为准则，干什么事都心系人民。我是人民大众选出来的，我会为人民大众谋福利的。

最后，我希望千里马能遇上伯乐。真金不怕炉火炼，我将接受广大人民群众的监督，望大家能投我一票。（热烈掌声）

（4）观众提问。（备选题目，竞选回答略）（12 分钟）

① 您认为村委会主任应该具备怎样的素质？

② 您将准备如何在我们村落实村民自治制度？

③ 您如何响应国家“建设社会主义新农村”的政策和号召？

④ 您认为我们村存在那些亟待解决的问题？

⑤ 俗话说“新官上任三把火”，能告诉我们您当选后的“三把火”是什么吗？

⑥ 假如我们村有些青年拉帮结派，为非作歹，请问您将如何处理这个问题？

⑦ 假如我们村出现了禽流感疫情，你如何应对？

⑧ 假如我们村许多学生整天在家和网吧上网，不可自拔，请问你如何设法改变这种

情况？

（5）主持人深入民众。调查民意。（3 分钟）

适当地问询几个同学，激发学生参与的热情。

（6）村民进行选举。（4 分钟）

① 此间可以模拟出现差额选举的局限。

② 为方便统计，每张选票只写一位竞选者的名字。

（7）验票唱票，检票人为公证员。（3 分钟）

（8）主持人、公正员宣布当选人。

主持人宣布当选人：我现在公布“企鹅村”村民委员会主任选举大会结果！当选为新一届的“企鹅村”村民委员会主任的是：群超同志！（热烈掌声）现在我们请“企鹅村”公证处公证员，晓琳同志予于公证。掌声有请！

公证员：受组委会委托，我作为 “企鹅村”公证处公证员，现在对“企鹅村”村民委员会主任选举大会结果予于公证。“企鹅村”村民委员会主任选举大会合乎法律规定，有效！

（9）当选人发表就职演说。

主持人：我想此时此刻，大家或许非常想听听我们新当选的村委会主任的肺腑之言吧。现在我们再次以热烈掌声向他表示祝贺，并请他上台来发表就职感想，有请群超同志！

群超：

各位村民、主持人、公证员、其他工作人员：

我很激动！很兴奋！能够当选，是大家对我的信任！谢谢大家！谢谢！

今后，我将更加热心为村里人办好事，办实事，办大事！认真落实村民自治制度，认真做人！希望大家能一如既往地支持我！

谢谢！（掌声）

（10）结束。（1 分钟）

主持人：活动是短暂的！我们的模拟选举活动进行到现在为止已将完成各项预定程序，活动圆满结束了！（掌声）现在我们请指导老师作点评！

（11）老师给评语。（2 分钟）

老师：同学们今天的表现非常精彩！这次活动，班委会和科代表作出了详细的设计策划，四位工作人员工作认真负责到位，两名竞选者准备积极，认真投入于角色中，为广大同学们创设了一个让人身临其境的选举氛围！

在这个活动中，我们模拟参与了中国最广泛的基层民主——村民自治的选举村委会干部的过程，懂得了直接选举和差额选举的一些特点，更为重要的是，懂得了切实珍惜公民民主选举权利的真正意义！感受了民主、感受了当家作主！

我想大家心里肯定有自己的一番感触，大家可以把这种体会用笔写下来，记录这个精彩的活动！让美好的今天深深地留存在我们心中！

最后，我们再次以热烈的掌声，表达我们对自己的努力的肯定！

（二）精品报告

1. 推荐报告：从大共同体本位到公民社会

（1）报告人：秦晖，清华大学人文社会科学学院历史系教授、博士生导师。1981 年作为中国文革后首批硕士研究生毕业于兰州大学，1992 年起曾任陕西师范大学教授，现为清华大学历史系教授、博士生导师。中国经济史学会理事，中国农民史研究会理事，中国青少年发展基金会理事、青基会社区文化委员会委员、研究委员会委员，北京天则经济研究所特邀研究员。

（2）报告简介：秦晖介绍了小共同体瓦解的背后不是公民个性和个人权力的成长，而是大共同体的膨胀。在中国近代化过程中有这样一种可能，至少在一定时期内中国小共同体纽带的发展与公民个性和个人权力的发展很可能是不矛盾的。

2. 民主是个好东西

（1）报告人：俞可平，政治学博士，教授、博士生导师，著名的政治学者，中共中央编译局副局长。主要研究领域是当代中国政治、政治哲学、比较政治、全球化、治理与善治、公民社会、政府创新等。以《民主是个好东西》而广为海内外熟悉。

（2）报告简介：作者指出民主是个好东西，不是对个别的人而言的，也不是对一些官员而言的，它是对整个国家和民族而言的，是对广大人民群众而言的。对那些以自我利益为重的官员而言，民主不但不是一个好东西，还是一个麻烦东西，甚至是一个坏东西。最后作者指出：一方面，我们要充分吸取人类政治文明的一切优秀成果，包括民主政治方面的优秀成果；但另一方面，我们不要照搬国外的政治模式。我们的民主政治建设，也必须密切结合我国的历史文化传统和社会现实条件。只有这样，中国人民才能真正享受民主政治的甜蜜果实。

（三）小组和班级学习交流

“人权高于主权还是主权高于人权”班级学习交流研讨会

1. 活动目的及其意义

通过讨论交流人权包含哪些权利、哪个权利最重要，来理解中国的人权的真实性、优越性

2. 活动时间：2012 年 7 月

3. 活动对象：全班同学

4. 活动地点：2 教教室

5. 活动前准备

（1）活动宣传。

提前将相关资料发给同学们学习。

（2）活动人员配备。

① 学习材料准备小组收集资料。

② 在活动前做好主讲人的动员准备。

6. 活动流程

（1）活动开展。

有关工作人员及活动主讲人提前 30 分钟集合，做好各项准备。

6∶50，同学进入会场。

待参会的各位学院领导及老师入场落座后，主持人方可开始本次交流会。

会议第一项由三位学生代表作交流报告。

会议第二项由同学们提出相关疑问，由各位老师给予解答。

（2）活动后期。

由助课组进行学习交流会的会后调查，写一个简单的调查报告。

（3）活动中需要注意的问题。

① 组与组之间分工明确，责任到人。

② 在活动期间，所有参与者必须听从指挥与安排。

③ 工作人员及主讲人不得无故不到。

④ 维持活动现场秩序的稳定。

7. 会议议程

（1）在嘉宾及教师就坐后，主持人宣布交流会开始，时间为7:00。

（2）主持人介绍完本次活动意义及目的后，介绍本次到场嘉宾，然后宣布交流会正式开始，时间为7:05。

（3）会议第一项由三位学生代表作交流报告。此环节大概用时20分钟。

（4）接下来是由同学们提出相关疑问，由各位老师给予解答。此环节大概用时30分钟。

（5）最后是由老师进行总结。大概用时10分钟。

（6）主持人宣布次交流会圆满结束，结束时间大概为8：00。

8. 活动预算

名称	价钱	总价
茶叶一袋	20	
纸杯一袋	7	27元

第九章　和谐社会的创建

自中共十六届四中全会《中共中央关于加强党的执政能力建设的决定》中首次完整提出“构建社会主义和谐社会”以来，和谐社会即引起广泛关注。所谓和谐社会，就是指一种民主法治、公平正义、诚信友爱、充满活力、安定有序、人与自然和谐相处的社会，换言之，也即是构成社会的各个部分、各种要素处于一种相互协调、彼此均衡发展的状态。理解和谐社会是每一名大学生的必修课程，创建和谐社会是每一个大学生的神圣使命。

一、领 悟 箴 言

也许，只是短短的一句话，却让人铭记于心；也许，只有短短的几行字，却让人如获真谛；也许，只需瞬间的智慧，让却让人感悟人生。箴言，以微言传大义，反映了和谐社会的精髓，对“和谐”进行了科学总结。阅读这些箴言，会让我们找到和谐社会的科学真谛，找到薪火相传的历史脉搏和精神财富。

箴言文本

1. 天时不如地利，地利不如人和。——孟子

2. 君子和而不同，小人同而不和，君子是和谐而不会盲目附和，小人只是盲目附和而不会和谐，友谊是一种和谐的平等。——毕达哥拉斯

3. 美的真谛应该是和谐。这种和谐体现在人身上，就造就了人的美；表现在物上，就造就了物的美；融会在环境中，就造就了环境的美。——冰心

4. 用宽容去呵护生命，用诚信去成就人生。

5. 看不见的和谐比看得见的和谐更美。——赫拉克利特

6. 和谐除了人与自然和谐，人与人和谐，还要人自身内心和谐。——季羡林

7. 万物并育而不相害，全道并行而不相悖。——孔子

8. 各美其美，美人之美，美美与共，天下大同。——费孝通

9. 个人离开社会不可能得到幸福，正如植物离开土地而被扔到荒漠不可能生存一样。——列夫·托尔斯泰

10. 少而好学，如日出之阳；壮而好学，如日中之光；老而好学，如炳烛之明。——刘向

11. 感恩世界，不炫耀自己的善举，有人会尊重你；感恩朋友，帮助别人赢得快乐，有人会追随你。

二、品读经典

通过品读经典，让同学们在活动过程中了解到更多的经典之作，增加自身的知识储备。同时，这些经典融故事、影视歌曲和著作于一体，将知识性和实践性、趣味性有机结合起来，让同学们参与其中，享受品读带来的乐趣，让经典品读不再枯燥乏味，而是妙趣横生。

（一）经典故事赏析

故事文本

我是你过河的桥，我是你乘凉的树

他是深圳著名歌手，每场演出费高达万元，家里却一贫如洗。

他只有一个女儿，却是178名贫困孩子的“代理爸爸”。

他在10年时间里，参加了400多场义演，捐赠钱物近300万元。

他如今身患晚期胃癌，却连医药费都负担不起。

他这个人一辈子都想着别人，就是不想自己。

许多人还记得，2003年5月，在小汤山演唱，丛飞动情地说：“我代表深圳500万青年和5万多名义工，来慰问战斗在抗击非典一线的最可爱的白衣天使。”

谁会想到，当时丛飞是自费赴京参加义演的。丛飞不怕借债，只是更卖力地参加商业演出，好早点还清债务，于是他一天演出三四场，直到嗓子变得沙哑才收场。

由于长时间超负荷工作，从2004年开始，丛飞的胃部经常剧烈疼痛，还时常吐血、便血，家人和朋友们都劝他住院治疗。可想想高昂的医疗费，他拒绝了，只在门诊开了些口服药维持。

丛飞得病后，为了省钱，他一直不住院治疗，病情迅速加重，体重在两个多月里下降了30多斤，连嗓子也嘶哑了。这可是一个歌手的生命啊！4月22日，丛飞终于同意住院，却连买药的钱都拿不出来。

5月12日，活检报告出来了，低分化腺癌！得知消息，丛飞伏在床边号啕大哭。

他哭自己对不起父母妻儿，父母年迈多病，谁来照顾？女儿才4岁，没了父亲怎么办？还有年仅24岁的妻子邢丹，怀着他四个月的血肉将如何生活？此时此刻，他竟然还在想方设法找到有爱心的人，继续承担学生的学费，直到学生们学有所成。

我不能成就整个世界，却可以尽我所能成就一些孩子。

"我是你过河的桥，是你乘凉的树，我是你风尘仆仆那间歇脚的屋。只要你快乐，只要你幸福，只要你圆上了好梦，我就不辛苦。只要你开心，只要你如意，只要你回头，我就很知足。"

【经典故事赏析】

早在先秦时期，孟子就提出了"天时不如地利，地利不如人和"的传世警句。它提醒人们，在构建社会主义和谐社会的过程中，必须相亲相爱、团结互助，和睦相处、和谐发展，才能做到"家和万事兴"、"国和享太平"。

和谐人际是和谐社会的基本要素。社会是人的社会，是人与人关系的总和，是人生存的基础。稳定和谐的社会，是广大人民根本利益的所在，也是社会繁荣重要的标志。一个社会，如果离开人的交往关系，很难想像还能称其为社会；一个社会，如果失去人际和谐，也很难称之为和谐社会。党的十六届四中全会提出，在当前和今后一个时期，加强党的执政能力建设的主要任务之一，就是要构建社会主义和谐社会，构建和谐社会则意味着形成平等友爱、融洽和谐的人际环境。每一个社会成员都不因地域之别遭排挤，不因文化差异受歧视，不因经济贫困被冷漠，不因身体状况挨白眼。良好的人际环境，能够使人与人之间关系协调、和谐共进、相互支援、真诚合作，能够使人们深深感受到"人间自有真情在"的暖意，从而使人们热爱生活、珍惜友谊、积极向上、努力工作，为构建和谐社会作出贡献。

（二）经典影视和歌曲鉴赏

1. 歌曲鉴赏：和谐颂

【歌曲文本】

和谐颂

春芽静静上枝头
鸟声传来甜美问候
荷塘悠悠清波摇
蜻蜓点水斜阳温柔
秋菊香飘在窗口
月光如水湿了衣袖
冬雪吻过梅花笑
快乐少年放开歌喉
和谐是冬去春来后
生命都有美丽等候
和谐是一路相伴走
人人都能到达
都能到达幸福的港口
和谐是江河水长流
滋润大地无尽锦绣
和谐是黑发到白头

家家都能看到
都能看到幸福的牵手

【赏析指导】

《和谐颂》对人与自然的和谐和人与人的和谐内涵进行了完美演义，歌词优美、流畅，曲调大气、豪迈、向上。歌词以春芽、鸟声、荷塘、秋菊、月光、冬雪等自然景象的描写展现“自然和谐之美”，以“人人都能到达幸福的港口”、“家家都能看到幸福的牵手”展现“人与人和谐之美”。和谐是美的真谛，它表现在物上就造就了物的美，体现在人身上就造就了人的美，和生美、谐生美，和谐是美的所在。一曲《和谐颂》，奏出世间和谐美的华美乐章。

2. 影视鉴赏：电影《可可西里》

【影片简介】

电影《可可西里》讲述了一名记者冒着生命危险跟随巡山队员进入可可西里自然保护区，一同亲历并见证了猖狂的盗猎分子种种血淋淋的罪证。电影根据真实故事改编而来，故事发生地可可西里位于中国版图的西部、青藏高原的中心地带。1985 年以前，可可西里生活着大约一百万只珍贵的高原动物藏羚羊，随着欧洲和美洲市场对莎图什披肩的需求增加，导致了其原料藏羚羊绒价格暴涨，中国境内的可可西里无人区最终爆发了对藏羚羊的血腥屠杀，各地盗猎分子纷纷涌入可可西里猎杀羚羊。短短几年间，数百万藏羚羊几乎被杀戮殆尽，现在可可西里大约只残存有不到两万只藏羚羊。从 1993 年起，可可西里周边地区的藏族人和汉族人在队长索南达杰的领导下，组成了一支名为野牦牛队的巡山保护队，志愿进入可可西里进行反盗猎行动。在前后五年多的时间中，野牦牛队在可可西里腹地和盗猎分子进行了无数次浴血奋战，两任队长索南达杰和扎巴多杰先后牺牲。

【赏析指导】

本片获得 2004 年金马奖最佳剧情及最佳摄影、2004 年东京电影节评审团大奖、2005 柏林影展特别奖。

可可西里，一个神秘而令人向往的地方，如同它的原意：美丽的少女一样，千万年来，可可西里在宁静与和谐中存在着。不知何时，人类的大脚踏了进來，和谐被打破了。当罪恶的枪声在可可西里响起后，宁静就不复存在。打击盗猎，是巡山队义不容辞的责任；守护家园，是巡山队不可动摇的信仰。巡山队员顽强地在风雪戈壁中追捕盗猎者，枪声在可可西里的群山中长久地回响……这不只是一次巡山，这是一次憾人心魄的生命历险，贪婪与血腥、保护与再生，构成了当今的《可可西里》。这是一部关于信仰与生命的电影，是一部关注人类自我生存状况和自然环境的电影。

（三）经典著作研读

1. 经典著作：《关于正确处理人民内部矛盾问题》

【著作文本】

《关于正确处理人民内部矛盾问题》。

【研读指导】

全文阐述了 12 个问题，贯穿全文的基本思想是：把正确区分和处理人民内部矛盾，作为社会主义国家政治生活的主要内容。文章指出，社会主义社会的基本矛盾仍然是生产关系和生产力之间的矛盾，上层建筑和经济基础之间的矛盾。但同阶级对抗社会的矛盾根本不同，它是一种又相适应又相矛盾的情况，不具有对抗性，可以经过社会主义制度本身，不断地得到解决。毛泽东全面地分析了各种类型的人民内部矛盾，系统地论述了正确处理各种矛盾的方针政策。指出，要用民主的方法，用"团结—批评—团结"的公式，作为从政治上处理人民内部矛盾的原则；解决经济领域中的矛盾，应依据发展生产，统筹安排，兼顾国家、集体和个人三者利益的原则；科学文化上的问题，应采取"百花齐放，百家争鸣"的方针；民族关系中的矛盾，应采取加强民族团结，帮助各少数民族发展经济文化的方针；在与民主党派关系上，应实行"长期共存，互相监督"的方针等。毛泽东对社会主义社会基本矛盾的论述，特别是关于两类不同性质矛盾的观点，以及处理人民内部矛盾的原则、方针和方法，为马克思主义政治学说史增添了新的内容，对探索社会主义社会的规律，具有重大的理论价值。

2. 经典著作：《全世界和谐》

【著作文本】

《全世界和谐》。

【研读指导】

1803 年，法国空想社会主义者傅立叶发表《全世界和谐》一文，指出现存资本主义制度是不合理的，必将为"和谐社会"所取代。傅立叶认为，社会的和谐必须以充分地满足全体社会成员的物质欲望和精神欲望为前提。资本主义文明制度之所以不合理，就在于无论对于穷人还是富人，欲望全都没有给予充分的满足。穷人连最起码的物质生活资料都得不到，精神欲望的满足更无从谈起；富人虽然可以获得物质上的享受，但精神是空虚的。正因为如此，资本主义文明制度既是穷人的不幸，也是富人的不幸。在傅立叶所设想的和谐社会中，劳动将不再是一种沉重的负担，不再是谋生的手段，而是一种享乐，可使人的全身心得到充分的发展。在傅立叶看来，人并非天生厌恶劳动，是不合理的资本主义文明制度使劳动者丧失了对于劳动的兴趣。只要社会制度和谐，劳动就能恢复其本来的功能，满足人的竞赛欲、创造欲和多样化欲。与此同时，傅立叶还主张消除旧式分工，从而使长期从事一种工作而引起的单调乏味的感觉不复存在。人们可以自由地由一种劳动转向另一种劳动，他可以这个小时放马，下个小时种花，然后再去狩猎、钓鱼、喂羊、养鸡……工种的不断变换满足了人的多样化欲，使劳动者始终兴趣盎然，视劳动为游戏、享乐，一种比看戏、跳舞更为诱人的事情。劳动的魅力使富人们也不能袖手旁观了，他们也争先恐后地加入了劳动大军。于是，在全社会开展了劳动竞赛，使生产力极大发展，物质财富极大丰富。建立和谐社会的途径应是宣传和教育。只要说服包括富人在内的所有的人全都相信和谐社会既是穷人的天堂也是富人的天堂，那么用不了多少年，和谐社会就可以在全球的范围内普及。建立和谐社会所依靠的主体力量是以下四种人：第一，创办者，他应当拥有金钱；第二，谈判家，他应当拥有很强的活动能力；第三，宣传家，他应当具有广泛的社会影响，以便通过宣传使美好的设想人人皆知；第四，发明家，他就是傅立叶本人。而在这些人中，国王、大臣、金融家、慈善家又是最重要的候选人。

文明校园　贵在节俭

尊敬的老师，亲爱的同学们：

大家好！

当我带着一颗激动的心来到这方蓬勃的热土，这片优美的环境中学习时，我感到无比兴奋；为能够在这里度过大学生活感到激动和自豪。我用心体会着向往已久的大学生活，也细心观察着周围的一切。但当我融入这个集体时，却发现眼前一些令人遗憾的现象与我们神圣的象牙塔格格不入。因此，我今天演讲的题目是“文明校园 贵在节俭”。

台湾著名教育家高震东曾经说过：爱国的方式有两种，一种是为国家创造财富，另一种则是为国家节省财富。我认为“勤”就是创造财富，而“俭”就是节省财富，勤与俭加在一起，就是我们普通人很好的爱国、爱家的方式。

节约光荣，浪费可耻，是每个人耳熟能详的中华传统美德。但是，校园里的浪费现象其实就在你我身边。只要我们稍微留心，就会发现，在我们的校园里，浪费的现象随处可见：餐厅里，餐桌上经常会出现只咬了几口就被扔掉的馒头，还有垃圾筒里那不计其数的一次性餐具；教室里，虽然只有几个同学上自习，但是所有的日光灯和电风扇经常处于紧张的“工作”状态；宿舍里，没有人使用计算机，但计算机一直开着，有的甚至一开就是一整天。

面对日常生活中这些浪费现象，我们也许早已习以为常见怪不惊。然而，当我们随手扔掉一块馒头的时候，我们是否想到自己的父母也许正在为全家人的一餐饭食而辛苦奔波？当教室或者宿舍里的电灯在毫无意义地工作的时候，我们是否想到西部山区还有很多孩子仍然在点着蜡烛的教室里上课？当我们奢侈地浪费大量的自来水的时候，我们是否意识到我们糟蹋水资源的同时，其实也是在毁灭一种希望，一种让蓝天、碧水和绿地永存的希望？

毛泽东曾经掷地有声地说：浪费是极大的犯罪！

前不久，国家有关部门发出了建设节约型社会的倡议，随着“全民节约、共同行动”活动的深入开展，“节约”这个似乎已经过时的话题重新成为人们关注的焦点。在很多学校的校园里，一些毕业生把自己不用的书籍捐赠给在校低年级的同学，此项活动不仅加深了同学们之间的感情，增强了同学们的社会责任感，更节约了一大批资源。节约资源，方便你我，赠人玫瑰，手留余香，何乐而不为呢？

节约不是某个人的事，而是每个人的事。只要我们大家都心系勤俭节约的传统美德，那么“勤俭节约，从我做起”的话语就不再是一句空话。“历览前贤国与家，成由勤俭败由奢”。我们大学生作为未来社会的主力军，应该做勤俭节约风尚的传播者、实践者、示范者，随手拧紧水龙头，关掉日光灯，虽然是举手之劳，却能在潜移默化中养成一种节约的好习惯。只要我们每个大学生都从自身做起，从小事做起，那么勤俭节约的行动一定会在我们学院成为一种校园时尚。

最后，我想用著名作家张抗抗的话作为我今天演讲的结束语：“我可以舍得用很多钱去帮助别人，却舍不得把一个好好的事务或东西丢弃。我不是为了钱而节约，而是为了节约而节约。节约的品德，在我看来已经不仅仅是钱的问题，而是一种操守、品行和文化”。节约是无关乎钱多还是钱少的一种品德，因此，无论我们贫困还是富有，我们都要以勤俭节约为荣，以奢侈浪费为耻。所以，最后的最后我恳请大家跟我一起将节俭进行到底，争做节俭人。

三、主题活动

以主题教育活动为抓手，通过演讲、辩论、朗诵、征文和主题班会、团日活动等多种形式，结合大学生的自身实际，针对性地开展和谐社会教育宣传活动，使大学生充分认识构建社会主义和谐社会的必要性和重要性，并能自觉落实到实际行动中，以切实增强主题活动的针对性、实效性和吸引力、影响力。

（一）主题演讲比赛

1. 推荐主题

“和谐社会，从我做起”、“树立核心价值理念，争当和谐社会先锋”、“构建和谐社会，创建文明校园”。

2. 主题范例

（1）主题说明：勤俭是什么？传统文化推崇它，那是一种行为，更是一种品德；贤哲伟人推崇它，那是一粥一饭，当思来处不易，半丝半缕；现代文明推崇它，那是对有限资源的珍视，对过度消费的抵制。社会要进步，国家要发展，这一切都离不开消耗，但这一切，更离不开勤俭。勤俭，中华民族的优良传统，现代文明的内在诉求。勤俭，是一种操守，是一种品行，是一种素养，是一种美德。

（2）策划方案：（范例见附录）

（二）主题辩论比赛

1. 辩题推荐

（1）正方：科技发展更有利于和谐社会建设。

反方：人文环境塑造更有利于和谐社会建设。

（2）正方：建设和谐社会应以完善制度建设为主。

反方：建设和谐社会应以提高人的素质为主。

（3）正方：人和自然可以和谐相处。

反方：人和自然不能和谐相处。

（4）正方：推进和谐社会，道德比法制更重要。

反方：推进和谐社会，法制比道德更重要。

2. 主题范例

（1）主题说明：以“推进和谐社会，道德与法制的重要性”为主题展开辩论。正方观点为：推进和谐社会，道德比法制更重要，反方观点为：推进和谐社会，法制比道德更重要。论辩双方各自列举论据说明推进和谐社会，道德与法制的重要性。

（2）策划方案：（范例见附录）

（三）主题朗诵比赛

1. 推荐主题

“感恩、责任、诚信”、“知雷锋、学雷锋、做雷锋”、“让生命在和谐中永远快乐”。

2. 主题范例

（1）主题说明：每一个个体都是一个珍贵的生命，每一个同学都是一幅生动的画卷。那么怎样才能让这珍贵的生命永远鲜活、永远展示生命绚丽的画卷呢？唯有和谐！我觉得只有在和谐的旋律中才能让生命折射出七彩光芒，才能让生命个性张扬，蓬勃快乐。

（2）主题范例：

让生命在和谐中永远快乐

尊敬的各位领导、各位老师、亲爱的同学们：

大家上午（下午）好！

今天我为大家朗诵的题目是：《让生命在和谐中永远快乐》

朋友们，你们看，碧绿的大海里，鱼儿在自由自在地遨游；你们听，蔚蓝的天空下，鸟儿在欢快地鸣唱……正是这一条条鲜活的生命，我们的整个地球才充满了勃勃生机！也正是人与大自然的和谐共处，人与人之间的平等交流，我们的社会才得以和谐，我们的生命才拥有快乐！

我曾经听过这样一个故事：一位女教师到残疾人学校讲课时丢了钱包，这个女教师说："虽然我丢钱不快乐，但一想到捡钱包的人一定会快乐，所以我也就快乐了。"她认为别人快乐了，自己也变得快乐起来！不久，捡到钱包的那个残疾学生拄着双拐把钱包给她送了回来，女教师的一份快乐又变成了两份快乐！

人与大自然、人与人，只有相互之间有了理解，有了尊重，有了和谐，才会产生快乐！

如果你能让一朵鲜花快乐地绽放，不去随意折毁它，那么鲜花也会为你带来快乐，在你苦闷烦恼时为你送上一束醉人的温馨；

如果你能让一棵小草快乐地成长，不去随意践踏它，那么小草也会为你带来快乐，在你满目枯黄时为你送去一抹耀眼的新绿；

如果你能让一只小鸟快乐地飞翔，不去残忍地杀害它，那么小鸟也会为你带来快乐，在每天霞光映透窗棂的时候，为你轻轻弹奏一段丁冬泉水般的美妙旋律；

如果你能使周围的邻居快乐，那么邻居个个对你笑脸相迎，你岂不是更快乐？如果你能使你的同学老师朋友同事快乐，那么人人见你如春风拂面，你得到的何止是一个快乐？如果你能使你的亲人快乐，那么他们的快乐会感染你，你岂不是得到了双倍的快乐？"送人玫瑰，手有余香"，你送给别人快乐，别人回赠给你的不也是无尽的快乐吗？

朋友们，让我们行动起来吧！让我们共建和谐氛围，让人与大自然、人与人和谐共处，让生命在和谐中永远快乐！

谢谢大家！

（3）策划方案：（范例见附录）

（四）主题征文比赛

1. 推荐主题

"践行社会主义荣辱观 积极构建和谐社会"、"让世界充满爱，同心共建和谐社会"、"我眼中的和谐社会"。

2. 主题范例

（1）主题说明：

"和谐"的理念蕴育在中国古老文化之中。中华文化推崇人际之和，天人之和，身心之和。

无论是一个国家还是一个社会、一个集体，达到团结的同时也要达到和睦，那么这个团体才会发展得顺利，才会更加辉煌。

《礼记》在描述“大同社会”时提出：“大道之行，天下为公，选贤与能，讲信修睦。”中国的先秦诸子也都在各自的著述中设想了和谐的社会。和谐包含着对立和统一。柏拉图也开始寻求“整个社会将获得非常和谐的发展，各个阶级将获得自然赋予他们的那一份幸福”的美好状态。数百年来，人们对“和谐城市”，再到“田园都市”，一系列的理论、主张和模型无不在探索如何建立城市在空间上、秩序上、精神生活和物质吐纳上的平衡与和谐。我们心目中的和谐社会是什么样子的呢？

（2）主题范例

我眼中的和谐社会

在中华五千年的历史文化中，有一颗璀璨的明星，他就是东晋的诗人陶渊明，他和我一样，向往着美好的桃源生活，这种生活无忧无虑，休闲愉快，人人都能安居乐业，人与人之间互相帮助，无烦忧。然而，现实的社会生活中总有不尽人意之处，很多地方杂乱无章，许多人只扫门前雪，不管他人瓦上霜……那么，我眼中的大同世界应该是怎样的和谐呢？

一是经济繁荣。虽说北宋京城汴梁在当时算是很繁华的，早上有早市，晚上有夜市，到处可见到一片繁荣景象：集市上遍地可以听见叫卖声，还有人与人之间的讨价还价声……让人赞叹不已。但是在我的眼中，大同世界的经济商业要比那时更加繁荣，人人都过着富裕的生活，住着高楼别墅，身穿全套名牌，每年都有一笔非常可观的合法收入，一到晚上大街小巷每时每刻灯火通明，各家各户都闪着灯，街上一片繁华，车辆川流不息，人山人海，看不到尽头。

二是环境清幽。在现实生活中，我们知道，一些人尽管有环保意识但大都没真正行动起来，到处乱扔垃圾，大街上随处可见一些废纸、塑料袋等诸如此类的东西。还有一些人随地吐痰、大小便，这样的行为在我们的周围常常可以碰到，从而使环境受到污染和破坏。然而我眼中的大同世界，每个地方都应该是非常干净的，没有一点儿灰尘，人们自觉地对垃圾进行分类，并定时定点存放，保持身边环境的卫生。这样，处于这般环境里的人们会觉得很清幽、很舒适，人的心情也就会随之好起来，就像在一座大森林里休闲自在的跳舞一样。所以，清幽的环境可以给整体世界带来美感，给人以美的享受。

三是人与人之间和平相处，国与国之间友好交流。从古至今，已经发生过大大小小不知多少场战争了，战争如同恶魔一般吞噬着人们的身体和心灵，不知有多少人无冤无故地死去。为什么要打战呢？是什么让人的野心、仇恨这么大？至少到现在，我还不明白。记忆中最深刻的是那个南京大屠杀事件，在那一事件中，不知死了多少我们的同胞。每当我想到这儿，愤怒就冲上心头，眼泪也不知不觉地涌了出来，人的生命都是一样的宝贵，为什么要这样的残杀？现在，不仅国与国之间，就连人与人之间也常常勾心斗角、打架、斗殴，为什么不珍惜人们之间的友谊呢？在我的眼中，大同世界里人人都互相帮助，友好交往，这样，将会是一个多么令人羡慕的社会啊！

四是每天每个家庭都可以团聚。古往今来，有多少人被迫离家谋生，饱受相思之苦。本来，人就是一种有着七情六欲的动物，他（或她）有着丰富的情感。出门在外的游子，不时会想到家人，只得用工作来转移自己的思亲情绪。古人说的好，“独在异乡为异客，每逢佳节倍思念”。而在家里的父母也是如此，他们每天倍受煎熬，想着远在他乡的儿女。所以，那首《常回家看看》才能流行大江南北。家庭团圆是一件多么美好的事情啊！这将会给社会增添不少色彩，使人们处处充满笑容。

我眼中的和谐社会便是如此，它可能是可望而不可即的，至少对于我来说是如此。现实总是残酷的，它给予人的往往是失望。然而，要想把这个残酷的现实变成美好的未来，我们必须人人行动起来，创造出一个更美好的家园，让世界的每个角落都充满着爱和笑容。

今天，党和国家吹响了建设和谐社会的号角，因此，我们呼吁：全社会都动员起来吧，让我们一起努力奋斗，只要扛起“泰山”，一步一步、脚踏实地、坚持不懈地走下去，总有一天我们会走向成功的，走向和谐的大同世界！

（五）主题班会和团日活动

1. 推荐主题

组织考察新农村建设、到敬老院开展爱心慰问活动、观看相关影片并组织讨论。

2. 活动方案范例

“讲文明、树新风、携手共建和谐社会”主题班会活动方案

（1）活动目的及意义。

① 向全班同学推广文明礼貌用语，倡导文明行为，提高学生的文明素养和公民意识；

② 在自由快乐的氛围中培养同学们讲文明的良好素质，让讲文明之风深入人心；

③ 活动由学生组织，培养学生的组织能力和社会责任感；

④ 此次活动开创和谐校园的局面，并为学生活动提供典范。

（2）活动简介。

活动主题：讲文明、树新风，携手共建和谐社会。

活动时间：待定。

活动地点：待定。

活动对象：xx 班全体同学。

（3）活动前期准备

由策划小组负责策划活动策划书，各负责人负责参与活动成员的组织工作，班干部负责活动的宣传工作。

（4）活动流程。

① 活动前期：策划活动的内容、步骤、细则，班委讨论具体方案。

② 活动中期：准备教室、材料，人员安排。

③ 活动后期：全体同学进行感悟和活动后期的思想总结。

（5）活动主要内容。

① 开场：待老师、同学入座后，主持人宣布“讲文明，树新风，携手共建和谐社会”主题班会开始。

② 主体内容：看相关的公益广告纪录片；举行知识竞答比赛；同学们表演节目；辅导员老师作总结讲话。

（6）人员分配。

黑板设计 1 人，主持人 2 人，拍照、摄像 2 人，班级布置 4 人，材料整理 2 人，具体分工（略）。

四、学习交流

以团体素质拓展训练、观摩精品报告、互动学习和交流等方式，增强同学间的沟通交流，扩大知识面，使同学们在体验式活动中了解和谐社会的相关内容，增加对和谐社会的认知，同时提升自身的综合素质和人际沟通、交往能力。

（一）团体素质拓展训练

1. 推荐项目

“巧解烦恼”、“我们的拉拉队”、“学会倾听”。

2. 项目范例

学会倾听团训方案

（1）活动目的：聆听和沟通技巧训练。

（2）活动准备：①参与人数：集体参与。②时间：10 分钟。③场地：教师。④道具：一篇小故事。

（3）活动程序。

开场白：据调查显示，一个人在倾听别人发言时，最多只能记住发言人 1/3 的主要内容，另外 1/3 是一些语气词，最后 1/3 就只是听者对发言人意思的扭曲了。可见，非专业训练过的人在用听觉获取信息方面的能力是很有限的。除了参加专门的训练外，一个简单的方法就是认真听并做笔记，但就这个简单的方法也被人忽视了。

过程：

① 事先从报纸或文摘上选取一篇 200～300 字的故事，注意最好是有简单情节的故事，而不是评论性文章。在课上先不做任何介绍，告诉同学们你要为他们念一段很有意思的故事。

② 念完后，会发现同学们对这个故事毫无兴致，露出厌倦和疲惫的表情。

③ 这时拿出一个精致的礼品，说：“故事念完了，现在我会就这个故事的内容提几个问题，谁能全答对，我就把这个礼物送给他。”

④ 然后提 5～7 个问题，都是一些关于故事的时间、地点、名字和简单情节的问题。

⑤ 尽管问题简单，但是还是几乎没有一个人能全部答对。

相关讨论；

① 大家都是具有一定素质的人，可既然都听了这个故事为什么却没有人能记得非常清楚？

② 我们不认真听的原因是什么呢？我们该怎样改进聆听技巧？

③ 如果事先把奖品拿出来，学员们的聆听效果会不会不一样？这是为什么？在没有物质刺激的情况下，我们应该怎样提高自己的聆听效果？

（4）总结与评估。

① 人们往往不愿在自己不感兴趣或得不到好处的事情上浪费时间和力气。这个活动就是一个典型的例子，人们在不知道有物质奖励的情况下，很难全神贯注地听一个完全与己无关的故事。这大概就是同学们听了却记不住的原因。

② 下面是一些对于如何做一个好的聆听者的提示，也许有些帮助。

如何做一个好的聆听者：找到兴趣所在；对内容进行判读，而不是简单的记忆；先不要匆忙进行评价；边听边想；主动倾听；抵抗分心；训练思维。

（二）精品报告

1. 推荐报告：和谐社会与民主政治

（1）报告人：司马南，独立学者、高级经济师，中国反伪科学代表人物，曾获“中国首届十大青年新锐人物”、“全国首届反伪科学特别贡献奖”、“全国科普先进工作者”、“改革开放 30 年杰出社会人物”提名；1999 年，美国《亚洲周刊》“中国当代最具影响力 50 人”之一。

（2）报告简介：司马南从民主的定义、民主的辨析、中式民主的原则、如何看待中国民主及其发展方向等问题，作了透彻的分析和论述，全面阐释了中国民主政治的原理。民主是人类文明重要的政治成果，是人类文明的普遍要求，强调需要由内部生成，而不是外界强迫。他从历史角度、学术角度、文化角度、现实角度全面阐述了民主政治问题，风趣睿智、旁征博引、有强烈的感染力，听众们无不感叹、敬佩，现场气氛自由而热烈，数次响起掌声。

2. 推荐报告：儒家文化与和谐社会

（1）报告人：焦国成教授，中国人民大学的伦理学教授、博导，中国伦理学会副会长。

（2）报告简介：焦教授在报告中谈到，儒家既是一种学派，也是一种政治势力，亦是社会生活的一种共同体。而儒家文化的目的则是以“仁”的思想使社会文明化、秩序化。社会是人类生活的共同体，共同生活的一种方法。和谐社会是以“和谐”为核心的，这种和谐既包括人与人之间的和谐相处，也包括人与自然的和谐，以及人身与心的和谐。对儒家文化与和谐社会的关系他也作了进一步的阐述，他谈到，儒家文化本质就是一种和谐文化，它以和谐为目标，研究的是社会常态，也适用于社会常态。儒家文化中包含了许多关于处理人与人之间关系的观点和准则，它的核心思想“仁”，意即人与人相处以爱为原则，如此则老有所养，幼有所爱。在这方面，儒家文化与和谐社会是相通的，它的智慧仍然适用于我们今天和谐社会的建设。

（三）小组和班级学习交流

1. “我眼中的和谐校园”交流讨论

以德能修养实践活动小组为单位，组织同学们进行交流讨论。主要谈在大学校园里所见的不和谐现象，心目中理想的和谐校园应该是怎样的，以及如何改变这些不和谐现象。分组讨论后派出代表总结本小组讨论情况，其他成员补充，最后老师再进行点评。在过程中教师要适时引导，让学生抓主流。

2. “大学生在创建和谐社会中所担负的责任”

以小组为单位，可以先组织讨论，针对大学生在和谐社会创建过程中应做的、能做到的事情展开交流。最后教师再加以总结点评，并给出明确的指导性建议。

附录　主题活动及学习交流推荐策划书

本章主要根据本书各章节教学要求，收集、整理了一部分具有借鉴价值的主题活动案例，可作为教学活动组织者策划各项主题活动的参考资料。组织者可以根据学生的爱好和兴趣，以及教学资源的实际情况，主题活动可以采取演讲、辩论、朗诵、征文以及班会和团日活动的形式开展。学生学习交流主要以团体素质拓展训练、精品报告、小组（班级之间、院系之间）学习交流等形式进行。

一、演讲比赛策划书

【案例】《感悟大学 放飞梦想》主题演讲比赛方案

（一）活动背景

今天站在哪里并不重要，最重要的是你下一步迈向哪里。职业生涯规划对于每个人来说都是必不可少的，对于大学生尤其重要。大学时代可谓是人一生中的黄金时代，也是一个人性格形成和能力发展的一个重要阶段，大学生结合自己的职业生涯目标，做好职业人生规划才能使大学的学习更加有效，赢在起跑线上。

（二）活动主题：感悟大学 放飞梦想

（三）活动形式：比赛分初赛和决赛两场举行。从初赛中选拔出表现突出的同学参加决赛

（四）主办方：×××系团总支或××班团支部

（五）活动时间：某年某月某日—某月某日

（六）活动地点：室内外均可

（七）活动目的和意义

本次比赛宗旨在于进一步丰富校园文化生活，培养同学们对生活和学习的热情，营造浓厚的学习氛围，并为大学生提供一个学习和交流的平台，共同进步，同时突出学习部的活动特色。

（八）活动前宣传准备

（1）召集各班学习委员（班委）召开关于此次演讲比赛的会议。

（2）由宣传部（委员）协助负责出海报。

（3）宣传方案：

① 由我系各班学习委员向本班传达演讲比赛的相关内容；

② 海报宣传。

（九）演讲比赛的具体准备

（1）报名方式：以班级为单位进行报名，并将报名表集中交至学习部。

（2）协助部门：自律部维持现场秩序，公关部负责主持，组织部负责收集和统计分数以及计时，体育部和学习部负责布置现场，办公室负责照相。

（3）场地申请与布置工作：与老师商量协调安排比赛场地，资料打印，安排座次，出席列席及旁听人员。

（4）邀请嘉宾：学校领导，院系领导、老师及学生代表。

（5）所需物品的购买: 矿泉水，奖品（如笔记本、相册）、笔、奖状（将获奖选手处留空，其他可内容可打印或书写，并盖上组织单位的印章）、海报、横幅等。

（6）资金来源：班费或院系学生活动经费列支。

（7）确定参赛人员名单（若安排复赛或决赛，应提前通知选手，并要求将演讲稿报相关人员或部门审核）

（十）比赛流程

（1）由主持人介绍出席嘉宾、评委，宣读赛事流程及评分规则。

（2）参赛选手以演讲（脱稿）的方式进行演讲，评委进行测评。

（3）相关嘉宾对本次活动作点评。

（4）主持人宣布比赛结果。

（5）颁发获奖证、奖品。

（十一）评分标准（共计 10 分）

（1）着装整齐，大方得体，姿态自然，动作适度。（2 分）

（2）主题鲜明，符合主题内容，用词精练，详略得当。（2 分）

（3）发音标准，节奏处理得当，技巧运用自如。（4 分）

（4）表现力、应变能力强，能活跃气氛，引起高潮。（2 分）

（十二）奖项设置

一等奖（一名）、二等奖（两名）、三等奖（三名）、优秀奖、最佳参与奖 、最佳组织奖

（十三）活动结束

活动结束后，做好相关资料的回收及整理，及时写出活动总结和相关报道。

备注：

（1）提前几天申请活动场地。

（2）在比赛开始前检查所需设备是否正常，一旦发现有问题，马上想办法解决。

（3）安排工作一定要到位，安排完应马上向负责人汇报。

（4）确保每位工作人员都明确自己的工作。在活动开展前要再次和每位工作人员强调其工作。

（5）有无法预知的情况出现时，要马上汇报主要负责人，用最合理的方法解决。

二、辩论比赛策划

【案例】《大学生在校期间恋爱的利与弊》辩论赛策划方案

（一）辩题：大学生在校期间恋爱的利与弊

（二）参赛对象

全班学生（可分为四个组，每组 10-12 人，每组推选产生辩手 4 名，其他人可承担资料收集员、计时员、评委）。

（三）组织单位

一般是班级团支部，成员可由班委成员担任，可邀请老师、外班同学担任评委和嘉宾（注意人员分工：辩场布置、主持人、计时人员、统分人员、音控人员、评委及嘉宾邀请等）。

（四）参赛时间

报名时间：某年某月某日—某月某日。

初赛、复赛、决赛时间：自定。

（五）参赛地点

活动教室或报告厅。

（六）参赛要求及参赛流程

（1）各系部内公开报名，可以经过系部内部初赛后选拔出一支代表队（四对四团体赛）：主辩手一名，副辩手三名。院级比赛时，各系部均产生一支参赛队报电子商务系团总支办公室老师处，比赛题目于赛前一周由承办单位组织抽签决定，比赛采取淘汰制与循环赛相结合的赛制，共六场：二场初赛，三场复赛（采用循环赛），一场决赛。

（2）比赛由陈词、攻辩、自由辩论、总结陈词四部分组成。

① 陈词。

正方一辩发言　时间：3 分钟。

反方一辩发言　时间：3 分钟。

以队员站立之时为计时开始，当队员发言时间剩下 1 分钟时，工作人员举牌提示。用时结束，举牌警示，发言必须停止，否则按违规处理。

② 攻辩。

正方二辩选择反方二、三辩任一位提问，反方被选中的辩手回答（提问次数不限）。问答时间总共不超过 1 分 30 秒。

反方二辩选择正方二、三辩任一位提问，正方被选中的辩手回答（提问次数不限）。问答时间总共不超过 1 分 30 秒。

正方三辩选择反方二、三辩任一位提问，反方被选中的辩手回答（提问次数不限）。问答时间总共不超过 1 分 30 秒。

反方三辩选择正方二、三辩任一位提问，正方被选中的辩手回答（提问次数不限）。问答时间总共不超过 1 分 30 秒。

正方一辩作攻辩小结，时间为 1 分钟 30 秒。

反方一辩作攻辩小结，时间为 1 分钟 30 秒。

③ 自由辩论。

由正方一辩首先发言，然后由反方发言，双方轮流发言。各队累计用时 5 分钟。各队用时剩 1 分钟时，工作人员举牌提示。用时结束，举牌警示，发言必须停止。一方用时完毕，另一方尚有时间，可继续发言。

④ 总结陈词。

正方四辩发言，时间为 4 分钟。

反方四辩发言，时间为 4 分钟。

当对方用时剩 1 分钟时，工作人员举牌提示。用时结束，举牌警示，发言必须停止。

（七）奖项设置

设最佳辩手、最具潜力奖、最佳团队等奖项，可根据实际状况给予精神奖励（操行分加分、颁发电子奖状等）、物质奖励（日常生活用品）。

比赛前期准备工作如下。

（1）做好宣传工作，鼓励更多人参赛。

（2）挑选主持人（准备稿件，尽量做到脱稿；能调动气氛，富有感情；胆大、发音清晰标准）。

（3）挑选相关人员负责配乐，挑选负责签到和计时的干事。

（4）准备奖品及活动所需用具（选手的顺序牌，计算器、品分表、签到表、招待物品）。

（5）赛前向相关评委发出邀请，并向相关老师、同学、部门发出邀请。

（6）申请活动所需要的教室。

（7）相关人员提前半小时到达赛场，准备赛场布置，并且保证赛场秩序及比赛正常进行；摆放好招待用品。

（8）各参赛队以抽签形式确定比赛双方和辩论赛题，并根据实际情况作出时间地点的安排。

三、征文比赛策划书

《感悟大学 放飞梦想》征文大赛策划书

每个人都会对这五彩斑斓的人生多憧憬，有着自己的梦想和奋斗目标，美好的大学生活充溢着我们的希望。如果把高中比喻成独木桥，那么大学就是立交桥。走独木桥时，目标很明确，只需要踏踏实实地向前走就能够到达终点。走立交桥却要辨别方向，如果选择了错误的方向，将无法到达终点；即使通过努力到达终点，却无奈地发现结果并不是自己想要的。为了让所有的同学能找准方向、确定目标，经×××班委会研究，决定特举办“感悟大学 放飞梦想”征文大赛，现将本次大赛的有关安排情况如下。

（一）活动主题：“感悟大学 放飞梦想”征文大赛

（二）活动时间：某月某日—某月某日

（三）征稿对象：全班（校、系、年级）学生

（四）征稿要求

（1）字数：800～1 500 字以内，诗歌字数不限。

（2）语言生动、情感自然、具有积极和创新意识。需用 A4 纸打印出来、字体为宋体、标题字为二号加粗、内容为四号字、谢绝抄袭。

（3）注：来稿注意标明班级、姓名。

（五）投稿方式

（1）各班稿件于规定时间内交给班级学习委员（注明作者姓名、单位及联系方式），由班级学习委员收集交×××处。

（2）所有上交稿件都必须以电子邮件形式发至：×××@××。

（六）活动流程

（1）宣传：由院记者站召开各班学习委员会议，通知各班学习委员做好班级动员工作。

（2）投稿时间：某月某日—某月某日。

（3）审稿时间：某月某日—某月某日。

（七）组委会

（1）顾问：某某领导或某某老师。

（2）评委小组：教师及学生干部若干名。

（3）组委会下设办公室，由某某任办公室主任，某某为联络员。

（八）奖项设置

大赛评出一等奖、二等奖、三等奖、优秀奖若干名，分别颁发奖状及奖品（金）。所有获奖作品将汇编成册，并选登在校报上。

四、关于举办某某系“学生说学”活动的通知

各班级：

为进一步创新人才培养模式，提高教育教学质量，加强和改进高职大学生的学风建设，经研究决定举办某某系“学生说学”活动。本次活动由某某系主办，某某协会（某某系学生会、分团委）承办。现将有关事项通知如下。

（一）活动主题和内容

活动的主题：“共话学习，共建学风，共享成长”。

活动的主要内容：由学生结合自身情况，交流学习实践的认识、方法和社会实践、技术创新、技能大赛、成长成才的成功经验；探讨全面提高自身的职业知识、职业技能和职业素养以及自我加强学风建设的途径。

（二）参加对象

某某系全系学生。

（三）活动形式

参赛对象要紧扣活动主题，围绕活动的主要内容，结合学习生活实际展开研讨交流，鼓励多人或集体撰写心得体会、经验介绍和论文。

（四）活动程序

本次活动分为三个阶段进行。

第一阶段：班级选拔阶段（某月某日—某月某日）。

各班级根据通知精神，广泛宣传，围绕活动主题和内容要求，集中开展校内的选拔活动，并于某月某日前将选拔出的优秀选手及其“说学”的展示材料（PPT 和 WORD 文档）报送某某系学生会某某处（同时报送电子版），原则上每班推荐优秀选手不超过 2 人。

第二阶段：评审阶段（某月某日前）。

成立评审组，组织相关人员对“说学”展示材料和优秀组织奖分别进行评比。本次活动设立一等奖 5 个，二等奖 15 个，三等奖 22 个，优秀奖若干。

第三阶段：集中展示阶段（某月某日）。

进行全系“学生说学”集中汇报活动（通知另发）。优秀选手进行现场演讲交流（使用 PPT），并接受专家提问、点评。

本次活动将对评选出的获奖选手和优秀组织单位进行表彰，并将汇编获得三等奖以上的优秀“说学”材料。

（五）活动要求

（1）加强组织领导。各班级要成立本校“学生说学”活动组织机构，精心组织实施，确保推荐质量。

（2）加强宣传力度。各班级要充分运用多种宣传媒介和载体进行广泛的宣传，让每位学生了解“说学”活动、走进“说学”活动、参与“说学”活动，掀起“说学”的热潮，要积极营造全校重视“说学”活动、关注“说学”活动、支持“说学”活动的良好氛围。

（3）加强成果转化。对活动中展示出的好的经验做法、有益的思路建议，要认真进行归纳整理，积极推广，充分吸纳，做好学生成长成才工作。

（六）对“说学”材料的要求

1. 对文稿的要求

（1）文稿应主题突出、观点正确、论据可靠、论证严密、语言简练、图表清晰。

（2）来稿格式包括：篇名、作者姓名、单位（含邮编）、中文摘要、关键词、正文、参考文献。

篇名：应以简明、确切的词语反映文章中最重要的特定内容，避免非公知、公认的缩写词，篇名一般不超过 20 个字。

摘要：摘出文中的主要观点，用第三人称写，不是以介绍的口气叙述自己的文章讲了哪些内容。“摘要”一般要求在 100～250 字之间。

关键词：反映论文主要内容的名词性术语，以 3-8 个为宜，用分号隔开。

正文：文字篇幅一般 3 000～6 000 字，文内一级标题为 1，2，3，4；二级标题为 1.1，1.2，1.3，1.4；三级标题为 1.1.1，1.1.2，1.1.3，1.1.4；以此类推。

参考文献：它是指为撰写论文而引用的有关图书资料，仅限于作者直接阅读过的、最主要的、发表在正式出版物上的文献。

（3）在文末写明作者真实姓名、专业名称及班级代号、联系电话、电子邮箱，以便联系。

2. 对汇报 PPT 的要求

（1）按照“说学”的要求，展示“说学”的主要内容。课件应体现自己的特色，突出重点，不必面面俱到。

（2）PPT 制作应精美，形式活跃，文字要少，图文并茂，要在有限的时间内给人以最深的印象。

（七）联系方式

联系人：某某系学生会主席某某，联系电话：6284××××　158××××××××。

电子邮箱：××××××@qq.com。